憲法を百年いかす

半藤一利　保阪正康

筑摩書房

目次

第一話　「日本国憲法七十年」に思うこと

第二話　近代日本と軍事

第五話　九条を明日につなげるために

憲法を百年いかす

本書は二〇一七年五月十一日、六月一日、七月七日に行った対談をもとにしています。

■表記について

・年号の表記は原則として国内の事項は元号を優先し、西暦を補っている。外国に関係する事項は西暦で表記し、適宜、元号を補った。

・史料・法規等の引用は読みやすさを考え、原則として漢字ひらがな文にし、仮名遣いは現代仮名遣いにあらためた。旧漢字は常用漢字におきかえた。また漢字を仮名にかえたり、句読点を補ったり、送り仮名を付したところがある。

・原則として人名に敬称をつけていない。

第一話　「日本国憲法七十年」に思うこと

わたしの立場

保阪　今年二〇一七年は日本国憲法施行から七十年の節目の年でした。安倍首相は五月三日の憲法記念日に合わせて、東京で開かれた改憲派の集会にビデオメッセージを寄せ、二〇二〇年のオリンピックまでに憲法を改正したいと述べた。五月八日の衆院予算委員会でその発言について真意を問われ、「国会における政党間の議論を活性化するためのものだ」などと答えていました。その後、第九条の三項に自衛隊を認める条文を入れるといったり、国会を解散して憲法改正に必要な三分の二を確保するための選挙政治をめざしたりと、まったく統一がとれた見解を示していません。こんな様子では、はてさて、この先どうなるのでしょうか。

政党間はもちろん、国民のあいだの議論もまったく足りない。ぼくはそう思う。なにしろ当の安倍さんに、なにをどう変えるべきなのかということを論じようとする姿勢がまるでない。〝議論の活性化〟どころか、あたかも改憲だけを目的にしているように見えるのです。

半藤　そんなわけで今回あらためて、トコトン憲法について論じようということになりました。かなり任が重いことですが、お互い、さすがに黙っていられなくなってしまった、というのが正直なところかもしれません。

保阪　おっしゃるとおりです。そこで、議論をはじめるにあたって、まずはぼくたちの立ち位置というものを読者に示しておきたいと思います。まずぼくは、護憲でも改憲でもありません。かねて半藤さんの持論である、「憲法を百年生かそう」という立場です。この考えにぼくは深く賛同しています。一世紀を貫いたならば、その憲法はたいへんな重みをもち、かつ日本という国の、まごうかたなき骨格になると思うからです。

憲法には現状との間に矛盾点があることを百も承知だし、加えなくてはならない条文があるのも事実だと思う。けれども、ともかく百年残す。そのことによって、憲法を共有した者の共通の思いを、つぎの世代に伝えることができるのではないか。なんとか一世紀残したい、生かしたい。そういう視点で憲法を論じたいと思います。それにしても半藤さん、なぜ「守る」ではなく「生かそう」と言ったのですか。

半藤　「九条の会」には何回か誘いを受けているのですが、「ひとりでやりますから」と言って、そのたびに断ってきました。それぞれの人の論点はいろいろあるでしょうが、多くは「九条を守る」という話になっている。だいたい「守る」というのが嫌いなんですよ。攻めるものがあるから守るのであって、これはケンカですよね。クラウゼヴィッツも『戦争論』で「守るといって戦うから戦争になる」といってます。だから「守ろう」としてないで、この憲法を、わたしはただ生かして広めたい。護憲と言っているひとにも言ったことがあるんです。むしろ世界に広める運動をしたほうがいいのじゃないかと。すると、そんな理想を言っている場合じゃありません、ともかく守らなくてはいけないんです、なんて怒られてしまったのですがね。

しかし、こちらから積極的に世界に広めていけば、この憲法の良さはかならずわかってもらえる。と、いうのが、わたしの基本的立場なんです。広めるために、百年この憲法を保持しつづけていく。そうしたら、ついてきてくれる国がかならずある。

保阪　あります。あるどころか、相当の重みをもった国になると思う。私も九条の会への入会を誘われますが入っていません。これはのちに説明しますが、半藤さんと同様に「守る」という姿勢に落とし穴があると思っているからなんです。ともかく百年、愚直に生かした歴史を認める国は相当多いはずですよ。

半藤　かならずあると思います。それも数多く。これからの戦争は間違いなく恐ろしい人類絶滅戦争になってしまう。戦争だけは、もうしないほうがいいと思っているひとは、世界中にヤマほどいるはずなんです。世界情勢が危険になればなるほど、日本から積極的に言わなくてはダメだと思う。せめて百年。わたしは死んでいますけど、でも、あとのひとが続けてやってくれれば百年もつでしょう。百年もてば三百年もちますよ。

保阪　そうですよ。江戸幕府といっしょです（笑）。幕府は対外戦争をまったく行っていませんからね。

わたしの日本国憲法

半藤　憲法っていうのはそもそも理念なんですから。足りないところは法律で補えばいいのです。

保阪　そうですとも。それが立法府の役目といってもいい。

半藤　戦前の日本は特異な国として、国際秩序に反旗をひるがえし、国際法を平気で破って戦争を起こした。いまの憲法はその国を「普通の国」にするためにつくられた。わたしの考えはかくも単純無比なのですが、その根底にあるものを少ししゃべっておきます。

昭和二十一年（一九四六）、日本国憲法ができたときに（十一月公布）、わたしは旧制中学の四年生で、十六歳でした。昭和二十年（一九四五）三月十日の東京大空襲で猛火と煙に追われて川に落ちたものの、きわどく生き延びた。そのあと疎開した茨城県下妻市で米軍戦闘機の機銃掃射を浴びて腰を抜かし、さらに疎開した新潟県長岡市でまた空襲にあいました。そんな体験をしておりますので、ようやくバラックが建ちはじめた焦土の長岡で日本国憲法の言葉を聞いたとき、ほんとうに感動したんです。これから日本は戦争をしない国になるのか、と。おおいに感激しまして、こんな素晴らしいことはないとおやじに言ったら、おやじはわたしを嘲《あざけ》った。「バカか、おまえは。人類があるかぎり戦争がなくなるはずはない」と言いました。「近代日本だって、十年ごとに戦争をしてきたじゃねえか。こんなものが十年もつと思ってんのか」、とも言いましたねえ。「このクソじじいめ」と思いました（笑）。

おやじはまもなく死にました。昭和二十五年一月です。平和が十年はもったという事実を、知らずに死んでしまったというわけです。そのときも、親父の位牌の前で「オレが生きているあいだはこの憲法を保持して、日本という国に戦争だけはさせないからな」と、人知れず誓ったおぼえがある。

保阪　じつは半藤さん、ぼくも前述のように「九条の会」には、距離を置いていますが、簡単に日本国憲法は平和憲法だと言ってはいけない、非軍事憲法であり、これを平和憲法にするためにはまだまだ努力が必要なのではないか。平和憲法と規定してしまっては、現状で止まって保守化してしまう。平和憲法に近づけるために努力するという姿勢が九条の会には欠けてないか、と言ったことがあるんですよ。そうしたら、「保阪さん、そういう屁理屈を言ってもらっては困る」などと怒られてしまいました。

半藤　わたしも屁理屈だと言われましたが、まあ、それはともかく。自民党がつくった憲法改正草案を読んだときには、さすがにわたしも、やっぱりケンカをしなくてはいけないのかなあ、と思いました。「九条の会」の人たちの危機感もわかります（「九条の会」アピール、第一話末、四九頁参照）。

保阪　ぼくもあれには驚いた。歴史の検証など、なにもしていないに等しいシロモノであることがすぐにわかりました。これについてはあとでじっくり検証しましょう。

日本国憲法ができたとき、ぼくは小学二年生でした。あのとき先生たちは「二度と戦争をしない」ということのみならず、「日本は東洋のスイスになるんだ」と言っていたのをおぼえています。そのせいでぼくらの世代は長らくスイスを美化していたような気がします。「尊敬する国はスイス」なんて書いた記憶もある。けれど高校生になってから、調べてみるとスイスという国はかなりしたたかだということがわかった。中立を標榜しつつ、一方では自国を守るための防衛のシステムはしっかりと構築していて、国民総武装といってもいいほどです。

半藤　たしかにスイスはしたたかな一面をもっていますね。わたしの記憶としては、日本がなるべき国家像として語られたのは、「スイス」より、むしろ「文化国家」でした。これからは文化国家をつくるんだ、と。これからはこの憲法を機軸に文化国家をつくろうというのが合い言葉みたいになっていました。しかし文化国家たれとの叫び声の陰で、皇国史観が沁みついているようなひとたちもいて、戦前のようにもういっぺん世界に冠たる軍事国家をつくり直そうというような考えのひとも確かにいたんです。

保阪　ああ、大日本帝国型の軍事主導体制ですよね。

半藤　そう、大日本帝国型の連中がいて、いっぽうで社会主義国家をつくろうという左翼的な連中もたくさんいて、わたしみたいに文化国家をつくろうという者もいましたから、高等学校のころは、思えばずいぶん議論をしました。

旧制浦和高校で見たもの

保阪　まったく異なる主張の者たちで議論する場があったのですか。

半藤　ええ。旧制浦和高等学校一年のときに寮生大会がしばしばありましてね。演説会です。つぎからつぎへと登壇して意見を述べるんですよ。その主張が三つに分かれていました。

保阪　共産主義革命を唱えるひともいたわけですね？

半藤　いました。なにしろ入学してすぐ、まわりにはどんどん左翼になる人が増えていった。一年生の終わりごろ、共産党の浦和の細胞（日本共産党の末端組織単位を戦前からこう呼んだ）集会に、上級生につれていかれたことがあるんです。そうしたら、寮生大会などでは壇上で、「これからの日本は、断固社会主義でいかなくてはいけないッ！」「天皇制打破！」などといつも怒鳴っているヤツが、その集会ではヘイコラしている。そのいっぽうで、学校ではおとなしそうにしていた男が細胞のキャップ、大将で、「お前のこのあいだの演説はなんだ、あんな演説では人民はついてこないッ！」なんて怒鳴りつけている。それを見て、革命は、わたしが頭で考えたり本で読んだりするのと違って、裏側ではなにが起きているかわからないぞと、政治というもの、党というものへの不信感が生まれたんです。そうか、こういうふうにひとつの考え方をみんなに教え込んで、足らないやつは怒鳴りつけて、つるし上げのような説教をやるのか、と。こんな秘密主義の組織にだけは入りたくないと思いました。

保阪　キャップだったその人、その後どうしたんですか？　戦後社会でどのように生きたのでしょうか。

半藤　どうしましたかねえ。やっぱり党の職員かなんかになったのでしょうか。そうそう、旧制浦和高校で出会ったのが吉川勇一氏です。同級生でした。吉川くんは東大に入ってから日本共産党に入党して、自治会の議長もやっていました。でもわたしら仲は良かったんです。わたしが社会人になって文藝春秋に入ってからもちょいちょい会っていました。あるとき焼酎なんか呑みながら、「いずれ社会主義国家になったら、そうだなあ、半藤は資本主義の走狗としてB級戦犯にされちゃうかもしれないなあ」なんて吉川が言ったことがありました。もちろん酒席の冗談ですけどね。その吉川くんも、一九六三年の「部分的核実験停止条約」の評価をめぐって日本共産党を批判したことで除名されてしまいました。

吉川勇一
昭和六年（一九三一）東京生まれ。東大文学部中退。日本共産党を除名後、ベトナム反戦運動や市民運動に取り組む。大学講師、予備校講師。平成二十七年（二〇一五）没。

保阪　日本共産党は一九六〇年代には、社会主義国の核はアメリカへの対抗上の防衛的なものだという立場でしたね。東西両陣営の対立、さらには中ソの対立があって、その影響が原水爆禁止運動の内部にも及びます。原水爆禁止日本協議会（原水協）が、原水爆禁止日本国民会議（原水禁）と分かれたのはそのためでしたね。学生時代に広島で開かれた原水協の大会があって、ぼくも行ったのです。驚いたことに、アメリカ帝国主義の原爆の灰ほどキタナイものはない、社会主義国の原爆実験の灰はキレイである、だから喜んでかぶってやる、なんてことまで言いだす共産党系の活動家がいました。当時からぼくは共産党に批判的でしたが、この発言にはここまで言うのかと呆れましたね。

戦後すぐの共産党人気

保阪　憲法発布のときに半藤さんが感動したように、日本中、高揚していた時代が、昭和二十二、三年（一九四七、四八）ごろにあった。まさに日本中どこでも。

半藤　ただ、米ソの冷戦が本格化しだした昭和二十五、六年（一九五〇、五一）ごろになって「普通の国」の証しであるはずの憲法に社会主義がくっついて、左のほうへ、左のほうへともって行かれてしまった。

保阪　そして憲法を守るというのが社会党の理念になり、自民党は改憲する、と主張して、見事に分裂していく。

半藤　つまりイデオロギー問題になってしまったというわけです。スタートのときはそうではなかったのに。

保阪　スタートのときはほとんどの国民が新憲法の考え方を共有していました。これは政治思想には関係なかったですよね。

半藤　そう、中学四年生でも共有していましたからね。

保阪　ぼくのおやじは旧制中学の数学の教師でした。家庭のなかで憲法について話した記憶はありませんが、戦後に母親が女性の権利に目覚めて、父親と議論と言いますか、よく言い合いをしていたのを覚えています。

　たしか羽仁もと子さん主宰の雑誌、「婦人之友」だったと思いますが、母がそれに投稿して掲載されたことがあった。女性が参政権を得たというテーマについてだったと思います。母はおやじにそのことを黙っていたらしい。ところがおやじが職員室で、それを知った他の先生たちから「保阪先生の奥さんはじつに進歩的な女性だね」などと冷やかされてしまう。帰宅したおやじとおふくろがそのことでモノ凄い夫婦ゲンカをやっているんです。ぼくは小学校の二年か三年でしたけど、よく覚えています。「おれは共産党が嫌いなんだッ」とおやじが怒鳴り、すると母親は「共産党の人たちはそんなに悪い人たちじゃないわッ。十八年間戦争反対といって刑務所にいた人がいるのよッ」などと言い返しましてね（笑）。

　ウチのおふくろは女性が参政権を得たことがよほど嬉しかったのだと思います。結局あのときおやじは、「投書などということはするな。おれの顔がつぶれる」と言い、「ものを書くとかそういうことを、この先もやるのなら離婚する」と宣言していました。母親は離婚したら四人の子どもは育てられないと思ったのか、それ以降、いっさい書かなくなりました。たぶんそういう夫婦間の軋轢は、日本中、あちこちであったと思うんですよ。

羽仁もと子
教育者、ジャーナリスト。明治六年（一八七三）青森県八戸市生まれ。東京の明治女学校高等科卒業後、郷里で小学校教員を務める。再び上京し、報知新聞に職を得てジャーナリストに。明治四十一年（一九〇八）、夫の羽仁吉一とともに「婦人之友社」を設立。のちキリスト教精神にもとづく自由学園を創設。

半藤　あったと思いますね。ウチのおやじは、戦争中は反戦論者でしたけど、明治憲法がからだに沁み込んでいるのか、戦後の民主主義には、どうもひとつ馴染めないようでした。国家敗亡でガックリして「明治の御世はよかった」みたいな風情がアリアリとあって、天皇陛下にたいする忠誠心は強くもっていました。母親もおやじとおなじ明治のひとでしたけど、おやじにくらべたらサッパリしたものでしたよ。

おやじが寅年で母親が辰年ですからふたつ違い。ケンカすると〝竜虎争う〟ってんで、凄いモンでしたけど。あんまり女性の権利とか、そういうことではケンカはしませんでしたねえ。

保阪　わたしの母親はその後も選挙となると密かに共産党を応援しておりまして、おやじの前で言うとケンカになるから黙っていましたが、選挙の結果がラジオから、「共産党候補が当選しました」と流れてくると、手を胸元で小さくたたいて喜んでいました。東京で徳田球一が当選した、大阪で川上貫一が入った、長野で林百郎が通ったとかって。ぼくはまだ小学生でしたが、とうとうかれらの名前をおぼえてしまいました。「お父さんには黙っているのよ」と言ってましたね。まさに新憲法下のひとつの風景ですよ。

半藤　つられて言いますとね、わたしは夏目漱石の長女の筆子さんと、十何年いっしょに暮らしました。あの方、選挙にはかならず行くんです。投票していたのはずーっと日本共産党候補のようでしたよ。

保阪　日本共産党はそういう人びとに支えられていた時代がしばらくあったのです。

半藤　でしょうねえ。

保阪　なのに日本共産党は「社会主義国の核兵器は防衛上やむをえない」などと不透明なことを言って、そういう人たちの信頼に対する裏切りをやってしまったとぼくは思う。そういうこともあって、人心が離れてしまったのだと思います。

半藤　どうもあの時代のことがあるものだから、左翼はいまだに信用されない、というか、嫌われている。そんな感じもありますなあ。

保阪　何十年もノンフィクションを書いてきて、共産主義にこだわるひとの話法は大体わかるようになりました。かれらは共通の話し方をするんです。議論をしているときにひとの知識量をはかりながらものを言うようなところが、共通している。そういえば、憲法ができたときに反対したのも共産党でしたね。

半藤　猛反対でした。

保阪　なにしろ九条に反対だった。民族の自衛権を否定するのか、と。

半藤　そうです。衆議院の審議で日本共産党は反対票を投じていました。

保阪　そもそも戦後、日本共産党は、革命戦略の当面の課題として護憲の立場をとるけれど、社会主義政権となったら改憲をするという立場だったと思います。しかし時を経て、「憲法第九条の完全実施（自衛隊の解消）に向かっての前進をはかる」としています。いまでは九条を、将来も改正しないという立場を標榜しているように思います。

半藤　それが、改憲論と護憲論のひとつのネックになっているように思うんです。日本共産党の変節（?）が護憲派のウィークポイントになっているのではないか。改憲派からここを突かれる。もともと九条に反対だったじゃないか、護憲と言っているけれども方便ではないか、信用できないというわけです。

保阪　「九条の会」にはぼくも距離を置いていると言いましたが、一度だけ「商社九条の会」という集まりで講演を行なったことがありましてね。リタイアした商社マンがやっている「九条の会」なんです。講演の後の懇親会で、なるほどという話を聞きました。憲法九条は、戦後ながらく商社マンの海外での身分証明書だったと言うのです。なにを語らずとも九条は、わたしたちは武器を売りません、武器は買いません、ということを証明してくれた。そのおかげで自分たちはきれいな仕事がやれたと言うのです。九条にはそういう側面もあったのかと、ぼくはちょっと感動しましたね。しかしそれもいまは昔。ごぞんじのとおり、いまや商社のなかには堂々と兵器の売り買いをやっているところもありますから、もう身分証明にはならないのでしょうけれど。

焼け跡から生み出された憲法前文

半藤　昔話にもどりますが、わたしの大学時代は、憲法の授業を履修して単位をとらないと教員免状をもらえなかったんです。まわりから教員免許をとっておくと就職のときに有利だぞと言われていたのですが、憲法の授業は朝早いんですよ。一時間目です。一回だけ出ましたが、以降は行かなくなっちゃった。そもそも一時間目というのがけしからんのだよね。隅田川でクタクタになってボートを漕いでいるやつが朝早く本郷へなんか行けません（笑）。

保阪　東大法学部はそのころたしか、「八月十五日革命説」で有名な、宮澤俊義教授がいたのではないですか？

八・一五革命説

「八月革命」説、あるいは「八・一五革命」説と呼ばれる。

南原繁東大総長の発案で昭和二十一年（一九四六）二月に、東大に「憲法研究委員会」がつくられた（委員長は宮澤俊義法学部教授）。三月にGHQ草案をもとにした政府の「憲法改正草案要綱」が公表されたことで、同委員会はその修正案を検討することとなる。宮澤は草案に賛意を表明。ポツダム宣言を受諾したことによって天皇主権から国民主権に憲法的革命が起きたという説を述べた。同委員会のメンバーであった丸山眞男は、この主権の転換を「八月革命」と命名し、天皇が八月十五日に声明（終戦の詔書）を発した時点で、主権の交代という無血革命が起きたのであると説いた。

宮澤は、「八月革命」というネーミングを丸山の了承を得たうえで使用し、雑誌「世界文化」の昭和二十一年五月号に「八月革命と国民主権主義」という論文を発表した。

半藤　そう、そのとおり。わたしが出席した、ただ一度の憲法の授業がまさにその宮澤先生の講義でした。じつは今日、宮澤先生が一時間目に言ったことを思い出して書いてきたんです。それはこんな話でした。

「将来とも、この憲法に関しては、たぶんアメリカ軍、GHQの押しつけであるとの論が出ると思います。しかしこれは押しつけではありません」と述べたあと、宮澤先生はこう言ったんです。「いまの時代、生まれや素性を云々して、その人の価値を論ずることはよくない。ではなにを基準とするか。その人がなすものごと。つまり働きにあるはずだ。憲法もおなじです」
わたしが大学で習得した憲法学はこれでおしまい（笑）。しかしどうです。わかりやすいと思いませんか。

保阪　確かにわかりやすい。いまメディアに憲法学者が出てくると、かれらは「憲法は権力を縛るものであって、国民を縛るものではない」と主張しておりますが、あの理屈は一般のひとにはわかりにくいのではないか。たしかに、そうに違いないのだけれど、そういう話ばかりやっていると憲法論議は、日弁連ではないが法律問題になってしまいかねません。

半藤　わたしは中学生のとき、憲法前文を読んで感動したんです、ホントの話。わが敗戦日本国は、すごいことを世界に宣明したぞと。「政府の行為によって再び戦争の惨禍が起ることのないようにすることを決意し」の、この一行がねえ、ほんとうにわたしの心に沁み込んだのです。中学生のくせにと笑うなかれ。なにしろ、戦前の日本政府は勝手に戦争をおっ始めて、わたしら学徒までひっぱりだして、爆弾やらなにやらをつくらせたわけですから。男子だけではなく女子までも。そしてまさに死ぬ思いをさせた。前文でほかに覚えている箇所が、ちょっと先に進んだところです。

「日本国民は、恒久の平和を念願し、人間相互の関係を支配する崇高な理想を深く自覚するのであって、平和を愛する諸国民の公正と信義に信頼して、われらの安全と生存を保持しようと決意した。われらは、平和を維持し、専制と隷従、圧迫と偏狭を地上から永遠に除去しようと努めている国際社会において、名誉ある地位を占めたいと思う。われらは、全世界の国民が、ひとしく恐怖と欠乏から免かれ、平和のうちに生存する権利を有することを確認する」

四回つづけて平和、平和と出てくるんですよ。だから「平和憲法」と称されるようになったのでしょうね。

保阪　そうかもしれません。この言葉は非軍事の到達点であり、それが前文の中に盛られているというわけです。しかもこの前文の中には政府提出案に国会があえてつけ加えた部分もありますからね。

半藤　戦争が終わって、平和っていうのはいいもんだなあ、と思っていましたから、四回つづけて平和、平和と言われて、ああ、いいねえ、と（笑）。

保阪　先ほども言いましたが、憲法ができたときぼくは小学二年生でした。小学年三年生のときに、授業で前文を読まされたことをはっきり覚えています。立って読み上げた記憶があって、そして教師がじつに丁寧にその説明をしていました。そのときたぶん、教師自身も感動していたのだと思います。

半藤　先生もそうだったでしょうねえ。

保阪　これは小学四年生のときの記憶ですが、担任の男性教員が「自習していなさい」と言って、窓の外を黙って見つめていることがありました。顔をのぞき見てみたら涙を流している。その先生は帰還兵だった人ですから、戦死した仲間を思い出して泣いていたのではないかと、そのとき子ども心に思いました。憲法前文の言葉はその頃の、日本人みんなの心を打

った と思います。

半藤　あの感動というのはいまでも薄れません。敗戦国があの焼け跡から生み出した言葉でした。世界の人たちがこんな酷《ひど》いことに二度とならないように、という願いがこめられている。この文言は決して腐らない言葉です。

保阪　たしかに「恵沢」とか「崇高」とか「隷従」とか、難しい字も使っているけど、教育勅語の比じゃありません。森友学園だって教育勅語なんかじゃなくて、こういう一文を暗記させればよかった（笑）。

半藤　教育勅語なんかより、こっちのほうがずっと人類のためですよ。

保阪　ええ、普遍的な意味をもっていますから。最近つよく感じることなのですが、自民党でも対抗する野党でも、いまの若い議員たちもそれなりに頭はいいのでしょうけれど、現実に対する分析やその議論において、日本国憲法をもちいるということを、かれらはほとんどやらないです。現実を語るとき、単純な正義感や世論の動きばかりを口にする。思想もなければ哲学もない。つまり現実を見つめる基本的な用語をもっていないということです。あえてこの際、私は言っておきたいのですが、実は高校生のときに自分で憲法の前文を書くという試みを友人たちとおこなったことがあるんです。私はフランス革命時の人権宣言やアメリカの独立宣言などを参考にしながら書きましたよ。社会主義への素朴な感想をもっていたから、そんなのを土台にしてでしたね。それがまだあるはずと書庫をさがしたけどなかったのでもってこれませんでしたが、日本国憲法の前文は、時代背景を見抜く目をもたないと、その意味がわからない面はありますね。

復活した「教育勅語」

半藤　わたしは思想がないことよりも、歴史を勉強しなくなったことを憂いておりますねえ。歴史を勉強しないから、とおりいっぺんの論理しか出てこない。

保阪　「教育勅語」はいいことも書いてあるじゃないか、なんて言う言説はまさにそのいい例ですね。この言いぐさは戦後くり返し右派系の人が口にしてきました。

半藤　しかし、なぜいまごろ教育勅語が、肯定的な文脈で話題にのぼるようになってきたのかしら。教育勅語について「いい徳目が書かれている」なんて言っているやつにはわたし、「朕惟ふに我が皇祖皇宗国を肇《はじ》むること宏遠に徳を樹つること深厚なり」って、どういう意味だと思っているんだ、と聞きただすんです。すると向うはあっけにとられた顔をする。教育勅語は「父母に孝に、兄弟に友に、夫婦相和し、朋友相信じ……」じゃないんですか、と。

　馬鹿を言うな、いちばん大事なところはむしろここにあるんだ、とわたしは言って聞かせます。「我が国体の精華にして教育の淵源《えんげん》亦《また》実《じつ》に此《ここ》に存す」。これ、教育勅語を推奨する人たちのほとんどが書けませんし、意味を言えません。国体というものが主体になっている。教育勅語とはつまり、国体を護持するために、臣民として国民がもつべき道徳の土台を述べているのです。

「朕惟ふに我が皇祖皇宗国を肇むること宏遠に徳を樹つること深厚なり」の意味がわからな

くては、それこそ意味がない。だからこそ「一旦《いったん》緩急あれば、義勇公に奉じ」ということになる。「父母に孝に、兄弟に友に、夫婦相和し、朋友相信じ……」に教育勅語の目的があるのじゃないということがわからんのかッと。

保阪　たしかに適当に解釈されて伝わっていますね。いい徳目があるのにそれを守っちゃ悪いのか、というような論理がハバを利かせるようになっています。信じ難いようなお粗末さというか、まさに劣化、鈍化です。

半藤　「日本は道義国家を目指すべきである」、「教育勅語の精神を取り戻すべきだ」。これ、稲田朋美前防衛大臣の言葉ですよ。この、馬鹿モンッ！　と言いたくなります。

保阪　調べてみると、一九四五年の年末に文部省は、全国の学校の教育勅語を納めてある奉安殿を除去するように指示し、四六年十月には文部次官通牒で、教育勅語を読み上げる儀式をやめるよう正式に通達しています。一九四八年には衆参両院が教育勅語の排除・失効を確認する決議をおこなっています。

しかし、それから六十年たった平成十八年（二〇〇六）十二月、第一次安倍晋三政権で教育基本法が改定される。愛国心教育、道徳教育が盛り込まれたうえ、教育の自主性が制限され行政の権限が強められた。「公共の精神」「伝統を継承」「豊かな情操と道徳心」「伝統と文化を尊重」「我が国と郷土を愛する」「規律を重んずる」などのことばが随所に埋めこまれ、そのいっぽうで「真理と正義」の追求、「個人の価値、自主的精神の尊重」「教育の独立、自主性」など、教育基本法の柱である基本的な思想が壊された。教育基本法は、戦後民主主義の元である憲法に準ずる重要な法律ですが、あっさりその基本理念を骨抜きにされたのです。

今年、平成二十九年（二〇一七）三月三十一日。政府は教育勅語に関する民進党衆議院議員の質問主意書に対して、「憲法や教育基本法等に反しないような形で教材として用いることまでは否定されることではない」との答弁書を閣議決定した。いまの教育現場に教育勅語が復活する余地を公式に認めたことになります。大きく取りあげられることがなかったが、きわめて重大な問題だと思います。

勅語にまつわる想い出

半藤　今日は『戦陣訓と日本精神』という本をもって来ました。昭和十七年（一九四二）十二月に出た本で、「軍人勅諭」「教育に関する勅語」「在郷軍人に賜りたる勅語」「青少年学徒に賜わりたる勅語」などなど、ほとんどの勅語がこのなかに網羅されているんです。ここに来る電車のなかで「オレは教育勅語を覚えているぞ」と思いまして、頭のなかでやってみたんですよ。ほとんどぜんぶ言えました。いやでも覚えさせられたんです。

保阪　半藤さんの世代は学校で毎日言わされたのですか？

半藤　毎日は言いません。でも覚えるまでやらされました。

保阪　覚えられない子は？

半藤　毎日やらされていましたよ。けど、覚えられない子は覚えられませんでしたね。覚えやすい文章じゃないですもの。

保阪　覚えないとぶん殴られたりするんですか？

半藤　ビンタを張られていましたねえ。

保阪　どうしても覚えられない子はいますよねえ。

半藤　そういう子は修身が甲乙丙の丙なんです。

保阪　ああそうか。修身の点数になるわけですね。

半藤　ですからわたしは修身の点はかなりいいんです。悪ガキだから行ないは悪いけど、先生の特別の配慮があったのですかね。

保阪　教育勅語は親も覚えさせられたのですか。

半藤　いや、学童だけではないでしょうか。ウチのおやじが教育勅語を読んだなどと、聞いたことがない。保阪さんのお父さんは、先生だから教えていたのじゃないですか？

保阪　「おれは数学の教師だったから、国史や修身の先生と違って、無理矢理覚えさせたり、覚えられない生徒を殴ったりしないですんだ」と、おやじが戦後ポツリと言っていたのを覚えています。それがあったから、すぐに「数学教師です」と言うのかなと思ったけど……。

半藤　子どもたちの頭に沁み込ませて、一億一心、国体を大事にする臣民を育てようということでしたが、さて、そういう忠良なる臣民が育ったのかどうか。人によってはウソかホントか、戦前のほうが戦後より犯罪は多かった、教育勅語なんか価値がなかったと言うけれど（笑）。まあそうは言っても、天皇のために死にに行くという国民を、生み出す素地は、たしかにこの教育勅語がつくったと思いますがね。

保阪　一年のうち、教育勅語にいちばん陽が当たるのはいつなんですか？　当然、天皇にかかわる日だと思いますが……。

半藤　国家の祭典のときです。二月十一日の紀元節（現在の「建国記念の日」）と四月二十九日の天皇誕生日の天長節（昭和天皇の誕生日。現在の「昭和の日」）。十一月三日の明治節（明治天皇の誕生日。現在の「文化の日」）。たとえば紀元節なんかには、講堂に紅白の幕が張られて、生徒が並びます。座っていませんよ、全員立っている。すると白手袋の校長が恭《うやうや》しく壇上に上がって来る。金色のひもを引っ張って幕をスルスルスル……と開けるんです。するとそこには天皇皇后のお写真があるわけですよ。それに深々とお辞儀して、教育勅語の巻物を持って、生徒のほうへ向き直し、目の前に高く捧げもって読み始める。「朕惟うにわが皇祖皇宗国を肇むること……」と。それをわたしたち生徒全員が背筋をピンと伸ばしたまま頭を下げて聞いている。

保阪　キョロキョロキョロしてはいかんのですよね。

半藤　キョロキョロなんてしようもんなら、あとでもって「この野郎！」ですよ。講堂のなかは水を打ったように静まり返っていますから、冬なんか、ほうぼうで鼻水をズズズ……なんてやっている音が響いていましたね。教育勅語が発布された明治二十三年十月三十日という年月日は、いまも頭に染みついています。保阪さんの頃は覚えさせられなかった？

保阪　まったく。昭和二十一年（一九四六）が小学校（国民学校といいましたが）一年でしたから、ぼくらのときは全否定でした。ですからぼくらは歴代天皇の名前を言えない。

小学校二、三年の頃、放課後に広場なんかで野球をやるんです。すると五年生、六年生のやつらが自慢するんですよ。おまえら天皇の名前を言えないだろうって。ぼくら戦後に小学校に入った者は神武しか言えません。兄貴がいる連中は教わっていたのか、少しは言えるんです。そういうやつが学校で得意になって披露していたら、教師にぶん殴られていました。

半藤　わたしはいまも持統天皇くらいまでは言えますねえ。

保阪　かつてはぜんぶ言えたんですか？　百二十四代の昭和天皇まで。

半藤　もちろんかつてはぜんぶ言えましたよ。

保阪　教育勅語を暗記させるとか天皇の名を暗記させるとか、そういうことに何の意味があったんでしょうかね？　拳拳服膺《けんけんふくよう》せよということなのか。

半藤　意味や内容なんかを教えてくれたわけではなかった。「国体の精華」とはなにか、なんて教わった覚えはないですねえ。

保阪　ぼくらの時代はホントに見事なほど暗記はさせられてないです。天皇の名称はみごとなほど子供の眼からは隠された存在になってました。

半藤　いい時代にうまれましたねえ。

保阪　いや、上の世代の人たちが歴代天皇の名前を言えるっていうのは、すごいなあ、と感じますけど。

半藤　そんなもの、言えたって何の役にも立ちません。わたしは文春に入社する前の春休みに、アルバイトに呼ばれて坂口安吾のもとに原稿をとりに行かされたことがありました。原稿は出来ていなくてけっきょく一週間も泊まり込むことになるのですが、そのとき天皇談義をいろいろ話して聞かせてもらいましてね。歴史の機微などまだなにも知らない若造でしたが、歴代天皇の名前を全部言えたことは安吾さんに褒められました。よく覚えているねえ、って。役に立ったのはそれだけです。

保阪　覚えさせられたのは教育勅語と歴代天皇の名前と……。そういえば『国体の本義』。これは読むとなかなかおもしろい。

半藤　それもわたしら中学のときに読ませられましたねえ。

保阪　旧制中学では試験問題に出たと聞いたことがあるのですが、そうでしたか？

半藤　わたしらのときはもう口頭試問でした。これは昭和十二年（一九三七）の発行でしょう？　日中戦争がはじまる前に出たのじゃないかな。

保阪　そうです、三月の発行です。『国体の本義』を書いたのは、文部省の国語調査委員会の委員だった山田孝雄《よしお》など、皇国史観の研究者たちでした。その冒頭には、「一、本書は国体を明徴にし、国民精神を涵養振作すべき刻下の急務に鑑みて編纂した。一、我が国体は宏大深遠であって、本書の叙述がよくその真義を尽くし得ないことを懼れる」とあって、まさに文字どおり国体明徴運動の教本とすべく、つくられた本でした。

半藤　これも修身の授業のときに読まされました。ただ、これは一つも覚えていません。これはむしろ、学童ではなく一般成人に向けてつくられた本じゃないですか。

保阪　ええ、書店で販売されていましたからたぶんそうでしょう。ただし『国体の本義』は、日本国民は生活体験のすみずみにまで、あるいは生活意識のはしばしにまで、天皇に帰一する精神をもてとくり返しています。欧米の思想を全面的に否定している点も特徴です。「国民性」という章には、「明き清き心は、主我的・利己的な心を去って、本源に生き、道に生きる心である。即ち君民一体の肇国《ちょうこく》以来の道に生きる心である。ここにすべての私心の穢は去って、明き正しき心持が生ずる」と国民精神純化をくどいほど強調しています。

半藤　それと、あとから「青少年学徒に賜りたる勅語」も読まされた。それと「軍人勅諭」です。

保阪　えっ？　軍人勅諭まで暗記させられたんですか？

半藤　軍人勅諭はやたらと長いんですよ。覚えさせられたのは前文だけだったかな。前文があって、加えて五項目。軍人にとって大切なのは忠節、礼儀、武勇、信義、そして質素であること。この五項目の題だけは覚えさせられましたね。

「青少年学徒に賜りたる勅語」はだいぶあとでした。これができたのは日中戦争がひどくなった昭和十四年（一九三九）ごろでしたでしょうか。中学生になると暗記させられるのですが、もう生意気になっていましたから、そんなもん覚えたってしょうがねえや、てなもんでした。ただ、「汝等学徒の双肩にあり」という文句だけは覚えています。

教育勅語と奉安殿

半藤　教育勅語は発布（明治二十三年十月三十日）の後に問題が起きたことがあるんです。女子については何も書いていないと。「よく忠に、よく孝に」には男も女もない、と言われればその通り。ですが、そうはいっても男子に向けて発せられていることは読めばわかる。「いったん緩急あれば義勇公に奉じ」というのは変えたほうがいいという論議が出たのですって。ウチの蔵書に教育勅語の解説本があってね、それに出て来るんです。

開戦の詔勅とか終戦の詔勅とか、国務にまつわる詔勅には、天皇の署名とともに国務大臣の副署がある。これは勅令、法律ですね。ところが教育勅語には明治天皇の署名だけなんです。ということは、教育勅語は法律ではなくて、明治天皇ご自身によるお諭しということ。そんなにありがたい文書に、内容に問題があるとか不足があるとかケチをつけて、勝手に変えるなどということは不敬だ、ということになった。そこで、教育勅語を補うためのものとして戊辰《ぼしん》詔書というのが後追いで発布された。

そういう経緯があって、教育勅語は神聖なるものという扱いが確定し、教育勅語とご真影（天皇皇后の写真）は奉安殿というところに恭しく納められることになったわけです。このご真影は宮内省からの貸与といわれておりまして、これを毀損することにはみんなモノ凄く神経質になった。これがいくつもの悲劇を生むのです。奉安殿が火事で燃えて、その責任を負って校長が腹を切ったりしましたから。

腹を切った校長というのは、作家の久米正雄の父、由太郎。長野県上田の尋常高等小学校校長のとき、学校が火災事件に遭い、ご真影を持ち出すことができなかった。責任を感じて自死したと伝わる。腹を切らないまでも、辞職させられた校長は数多い。

保阪　そうでした。そういうことがあったせいで、各学校とも奉安殿をコンクリートでつくって燃えないものにしたのですね。学校では最も大切だったのではありませんか。

たしか、ぼくが小学校に入った年だったと思います（昭和二十一年）。校長先生がひとり、ツルハシで奉安殿を壊している様子を見ました。そのときはなにをやっているのかわからず、同級生たちと集まってただ眺めていたのを覚えています。授業中もそういう校長の姿を見ています。校長が奉安殿はだれの手も借りずに、自分の手で壊したかったのだろう、という話をあとから聞きました。

半藤　GHQがいわゆる神道指令を出しますね（昭和二十年十二月十五日）。手元の資料によると、正式名称は「国家神道、神社神道に対する政府の保証、支援、保全、監督ならびに弘布の廃止に関する件」という覚書です。この指令にもとづいて十二月二十二日に文部省が通達を出す。そのなかに「奉安殿の除去」がふくまれていました。翌年六月二十九日には奉安殿を撤去するように通牒を出したと記録があります。ですから保阪さんの、小学校一年のときの記憶は平仄《ひょうそく》が合っていますね。「除去」、それから「撤去」ということですから、たぶん壊すしかなかったのでしょう。そして教育勅語の謄本とご真影を返納した。

しかし奉安殿を壊せという命令は、すぐには浸透しなかったのではないでしょうか。おなじ頃、通っていた旧制長岡中学で、先生たちが奉安殿の前の雪をかいていたのを覚えています。奉安殿の前に道をつくっている。で、校長がしずしずと近づいて、恭しく扉を開けて、教育勅語とご真影をこれまた恭しくいただいて校長室へもって行きました。たぶん、そのあと文部省に返したのでしょうね。教育勅語というものは、そういう顚末で消えたものなんです。いま再びそれを持ち出している連中は、そんなことを誰も知らないと思います。

保阪　だいいち「父母に孝に、兄弟に友に、夫婦相和し、朋友相信じ」なんて、こんな当たり前のことを明文化する必要があるのでしょうか。こんな道徳は自明だろうと思う。なぜそんなことを教えようとするのか、要するに教える側は腹に一物あってそんなモラルを国民に強要して、自分たちの立場を強固にしようとするのじゃありませんか？　いっぽうで、いま当たり前の社交辞令が言葉狩りにあっている。先日、ある放送局の人から聞いて驚いた。いま局内では、かつてなく言葉づかいにうるさいのですって。休み前に「いい連休を」と我われは当たり前に言いますが、いまそれを放送で言ってはいけないのだそうです。なぜなら、「いい連休なんかとれない人もいるから」。たとえば、独身で長い休みを孤独に過ごす人に失礼なんだそうですよ。あるいは休日出勤で働いてる人もいるからというわけです。凄い時代になったなあと思いました。

そんな時代に教育勅語なんて論外でしょう。父母に孝を尽くしてなんて言っても父母のいない子もいる。そういう時代だというのに、国家がウチウチのことに介入するなど言語道断だと思います。万事書き文字にしておかなければ安心できないということなのでしょうか。

半藤　そうなのかもしれません。長生きをするとおもしろいことがありますねえ。そうそう、教育勅語の原本はどうなったのか。ひとことつけ加えておきます。じつは関東大震災で文部省が焼けたときに金庫ごと丸焼けになって大きく損傷してしまったのだそうです。それ以来、その所在が長らく不明になっていたのですが、最近になって見つかった。平成二十六年（二

○一四）四月に文科省が、東京国立博物館の文科省の倉庫にあるのを確認したと、ニュースになった。その広報のとき、下村博文文科大臣（当時）が、例によって「中身は至極まっとうなことが書かれている」と発言しておりましたよ（笑）。この人も復活させたい政治家のひとりでしょうね。

疎開先の学校で

保阪　昭和四十一年（一九六六）に、中央教育審議会が「期待される人間像」というのを打ち出した。あれは言ってみれば、戦後の教育勅語の復活ともいえます。「個人として自由だが、自由とは勝手気ままに行動することではない」とか「家庭は愛の場」とか、「正しい愛国心をもて」とか、「天皇を敬愛することは、日本国を敬愛することに通じる」とか、たしかそういうものだったように記憶しています。

いまの当局者は、この時代にあった期待される人間像とはどういうものであるかを考えてそれを訴えるということさえやらず、ただ単に教育勅語の復活を言い出すというのがぼくには不思議でならない。あるいはいずれ国家に忠誠心をとか、国家は家族共同体といい出す予兆でしょうか。こういうアナクロなことを言い出す連中には、未来を見据えた理のある提言を創り出す力がないと言ってもいいと思う。

半藤　もとより子どもが守るべき道徳なんていうものは、単純なものでいいんですよ。ウソをつくなとか、卑怯なことはするなとか、女の子をいじめるな、とかね。わたしらガキ時代には、こういうものは子ども世界の〝仁義〟としてありましたよ。そんなモン、わざわざ天皇陛下から言われなくたってねえ。

保阪　約束ごとですよね。半藤さんの子どものときはいじめられっ子っていました？

半藤　いませんよ。弱い者は助けろ、でしたから。いじめっ子っていうのは戦後の流行じゃありませんか？　いや、ちがうな。大空襲のあとで疎開したときにはいじめがありました。

保阪　その話はよく耳にします。

半藤　わたしは茨城県に疎開して下妻中学校に転校しましたが、戦時下の茨城というのはいささか野蛮でしたよ（笑）。

保阪　いじめられたんですか？

半藤　いじめなんてもんじゃなかった。上級生どもは標準語の言葉が気に入らないんですね。名前なんか呼ばれません。わたしは「ソカイ、ソカイ」って言われました。「ウンダッぺ、ソウダッぺ」の連中にね。

保阪　殴られたりもしたんですか？

半藤　殴られましたよ、上級生に。それを知ったおやじが、長く居るところじゃないと言い出した。本土決戦になると、米軍はいちばんはじめに九十九里浜から上陸してくるだろう。一億一心最後の一兵まで、と言うけれど、なにも先に死ぬことはないと言うのです。ということで一家郎党、新潟に行こうということになった。茨城とはオサラバと決まってから、わたし、復讐戦をやったんです。わたしを殴った上級生を棒でうしろからぶん殴った。

保阪　そりゃ、教育勅語の教えじゃないですね。

半藤　そんな卑怯なことはしちゃいかんのですがね（笑）。そのあと移って行った新潟県長岡中学校では、茨城のようなことはぜんぜんありませんでした。

保阪　茨城でも教育勅語を読んでいたんですか？

半藤　茨城に行ったときは、もう勤労動員ばかりでした。だから式典なんかはなかったです。昭和十六年（一九四一）、いよいよ対米英戦争が始まるというときには、教育勅語くらいの規範では間に合わないことになった。緩急あって、義勇公に奉じる強い兵をつくるにはもっと強さが必要だ、と。超国家主義的な、強迫的な締め付けが必要になってくる。

保阪　それで思いだしました。戦況芳しからざることになっていた昭和十八年（一九四三）の八月に、陸軍教育総監部の編集ですけど、『皇軍史』という本が一般向けに出版されるんです。それまで軍のなかで将兵に読ませていたものを、一般の人にも読ませようというわけです。ぶ厚い本です。天皇《すめらぎ》の軍史です。

半藤　ほう、それは知りませんでした。

保阪　『皇軍史』は三種類くらいあります。ぼくは一冊しかもっていませんけれど、部分的に肝心なところが違うらしい。実際に読んでみると、江戸時代の侍や、明治維新の幕末の侍たちはなんと不幸だろうかというような記述が目につきました。つまり天皇という有難い存在に対して忠誠心を誓う時代ではなかったことは、気の毒であった、と。それにくらべて我われはまことに幸福な時代に生きていると書いてありました。神を守る神兵だからというのです。あんな書物を兵士も国民も読まされていたのかと驚きましたね。
半藤　皇軍だから、陸海軍いっしょですかね？
保阪　陸軍教育総監部ですから陸軍主導の本でしょう。海軍はそういうことをやらないでしょうね。
半藤　海軍は軟弱だからね（笑）。その『皇軍史』も、そろそろ右のほうから持ち出されるんじゃないですか。
保阪　この様子では早晩、『国体の本義』と『皇軍史』の復活が叫ばれることでしょう。「だれもが忘れているだろうけど、これこそ日本精神の発露です」とかって言い出すバカが、きっと出てきますね。天皇が、「悪い冗談はやめてください」と言ったらおもしろいなあと思っているのですがね。

過去に向かい現在を振り返ったとき

保阪　天皇は、大日本帝国憲法において「神聖にして侵すべからず」とされ、かつまた元首としての権限を認められていましたが、しかし、神のような存在として広く国民のあいだで神格化されていったのは、やっぱり教育勅語や軍人勅諭、あるいは『戦陣訓』とおなじ昭和十六年（一九四一）三月に文部省教学局が発行した『臣民の道』、そしていま紹介した『皇軍史』などをつかった教育によるところが大きかった。それらをつうじて社会に浸透され、神格化がすすんだと見るべきだとぼくは思います。

『臣民の道』には、国家に奉仕するべき心構えが説かれているので、かいつまんで紹介させていただきます。

「西欧文明の基調をなした思想は、個人主義、自由主義、唯物主義等」で、その行き着く先は「弱肉強食の正当視、享楽的欲望の際限なき助長、高度物質生活の追求」である、と。明治以来の欧化主義で「軽佻奢侈《けいちょうしゃし》の風が瀰漫《びまん》」し世相を害してきたけれど、しかし、「満州事変」や「支那事変」でその悪弊が革新されてきたと言うのです。

「父祖の心を継いで、皇運扶翼の臣民の道を実践」すべきで、「命も金も名もいらぬ全く己を滅した人間たれ」と説いた。ようするに国家は一つの家族とばかりに一大家族国家の建設を言い立てて、個人というものを全否定しました。その結果が日本人を内向きの世間知らずに陥らせ、平衡感覚を失わせた。最終的になにをもたらしたかはごぞんじのとおりです。

一時期、昭和十年代に刊行された皇国史観丸だしの本を古書店から買い集めたことがあって、ぼくの本棚にはその種の書が並んでいるコーナーがあります。そのなかで『臣民の道精解　戦陣訓精解』『文部省制定　昭和の国民礼法』とか『不穏思想の真相と其対策』などを手にとると、それこそ天皇に命を捧げよ、帝国は一大家族国家、この時代に生まれた運命に感謝せよ、とくり返し強調しています。臣民の道を説くなかには次のような解説もありますよ。

「明治維新は維新であると共に復古であった。維新の勤王志士の決死的奉仕によって、幕府政治の積弊は打破され、国家をその本姿に復し、国体の精華を発揮して富国強兵・皇威の宣揚に努めた。然るに欧米の思想の浸潤により、一部国民の間には祖先の精忠・美風を忘れ、国家を忘れ私利を求める風が見えるに至った」

つまり江戸時代の武家政治は否定されているのです。このことをぼくたちは覚えておかなければならない。実は江戸時代の二百七十年間が、現行憲法を百年持つべき、生かすべきというぼくたちの発想の土台になるからです。

しかも欧米思想という不穏思想にかぶれた者を取り締まるという治安の目から見た書、たとえば前述の『不穏思想の真相と其対策』などですが、たぶん戦前戦中に、教師に読ませたのでしょう。また取り締まりの方法というのは、学校での態度だけではなくて、生徒の読書傾向や発言、親の人となりまでも調べるように、とあります。ちょっとリベラルな感じの家庭の生徒は注意しろと、そういうことまでやっていたのです。またそういう時代が来るのではないかと心配でなりません。

半藤　そんなに一億一心「総員、右向けッ右ッ」にしたいのかねえ。

保阪　いったいなにをやるためでしょうか。国民を一枚岩にして、「世界に冠たる国」になって尖閣で戦争をはじめる気なのでしょうか。

半藤　トランプ大統領と中国の習近平国家主席、北朝鮮の金正恩総書記とロシアのプーチン大統領。この連中のやり合いのなかに安倍さんの出番なんかないです。出番がないものを、世界に冠たる国になろうなんてどだい無理。相手にされていませんよ。

「文藝春秋」六月号で船橋洋一さんと対談をした際に、わたし安倍さんの悪口を言っているんです。船橋さんの発言、「（トランプには）戦後七十年を振り返って何がアメリカにとってプラスだったかという、歴史的なパースペクティブがまったくないこと。歴史から何を学び、何を継承し、何に惧れを抱くべきか、そこが感じられない」を受けてこう言った。「安倍首相と気が合うのはそこだと思うんです。歴史の勉強不足が一致している。安倍さんも歴史的パースペクティブがありません」と。この点は船橋さん、無理に同意しなくてもいいですよ、とも言いましたがね（笑）。

保阪　ぼくは同意しますが……。

忌み嫌われた〝アカ〟

半藤　臣民教育のおかげもあって日本人は、左翼、アカ（共産主義）というのを、ものすごく忌み嫌うようになりました。これは大逆事件以降、より確かなものになった。小学生になってからわたしなんかもアカだけにはなるなと、ずいぶん教育されましたよ。お前は子どもの頃から親の言うことは聞かないし、悪ガキだったからアカになりやすい性質だ、とずいぶん母親は心配したらしい。

保阪　しかもアカというのがなんなのか、共産主義とはなにか、なんてほとんどの人がわかっていなかった。アカというのは、ともかく国家の方針に背くもの、天皇に歯向かうものを、漠然と指す言葉として使われていたように思います。ぼくだって子どもの頃は「アカは怖い」と思っていましたもの。

ぼくの母親の縁戚で、昭和の初めに大学時代に共産党シンパになった人がいました。昭和十年代には転向していたそうです。母親の弟が海軍兵学校に入学する折りに戸籍上の縁戚関係を切ったそうです。縁戚関係を調べられたときに知られたら、弟が落とされてしまうから、と。「あの人がアカになったばっかりにうちの家族は苦労したのよ」などと、おふくろが言っていたのを覚えています。アカを出したウチは一族郎党末代まで祟《たた》られるというような恐怖があった。

半藤　ウチのおやじがねえ、戦争中の、しかも空襲がはじまってからのころに何度か向島警察に引っ張られているんです。わたしもいっぺんだけいっしょに連れていかれたことがあります。ある晩おやじとわたしと、近所のひとと五人で集まって花カルタをやっていたところに、バアーッと一斉に警官が裏口と表から踏み込んで来た。

保阪　だれかが告げ口をしたんですね。

半藤　そうです、刺されたんです。この非常時にアイツら博打を打ってやがる、非国民だ、とだれかから刺されて引っ張られたわけ。入ってきたとき私服刑事のだれかがパッと大きな布でカルタの博打場を押さえた。運よくその夜は金は散らばってはおらず、マッチ棒だけのオイチョカブでした（笑）。だけど連れていかれました、五人とも。

保阪　調書をとられたんですか？

半藤　大人たちはとられたんでしょうね。そのときおやじが一生懸命主張していたことを覚えています。おれたちは国体をぶっ壊すなんてことは、これっぽかりも考えていませんよ、とね。聞かれてもいないのに、わたしゃ私有財産制度は大賛成なんだと、そんな余計なことまで言っていましたっけ（笑）。つまり治安維持法で言っているのはそれ。国体破壊と私有財産の否定。このふたつなんです。

アカの疑いはかけられていないとわかって、今度は「おれたちは金を賭けてはいないからこれは博打じゃない。ただの遊びだ」とおやじは言い張った。「戦争中といったって息抜きくらいさせないと、命がけで戦う気なんか起きないぞ」と言って、警官とやりあっているんですよ。わたしはそばでハラハラしながら聞いていた覚えがあります。要するに当時のアカは天皇制と資本主義に反対する者のこと。それらを守ろうとしたのが右翼なんです。戦争中、真ん中のリベラリストというのはジッと黙っていました。

保阪　清沢洌なんかそうでしょうね。『暗黒日記』を読むとよくわかります。それはともかく警察に「おまえのところで雇っているあいつはアカだぞ。なんで雇っているんだ」なんて言われたら、「悪いけど辞めてくれ」ということになる。そうやって社会からはじき出されてしまうから、みんなが右翼のふりをするようになる。あの時代、右翼化するのは生きる上での必死さでもあり、知恵だったたんです。

半藤　貧しく生活に困っている人たちはアカにはならず、じっさいは金持ちや地主の息子なんかのほうが多かったですね。

保阪　そのほうが圧倒的に多い。我われはただ勉強しているだけでいいのか、虐げられた人たちを救わなくていいのか、という煩悶があって赤化する。東大新人会がまさにそうでした。

東大新人会
東京帝大政治学教授の吉野作造の影響のもとで生まれた学生思想運動組織。その後、マルクス主義に傾斜した。大正七年（一九一八）結成、昭和四年（一九二九）解散。

半藤　そう、特権階級の一部がアカになったけれど、それ以外はみんな右。リベラリストというのはどうも日本人の肌には合わないのか。どうなんでしょう。

保阪　たいがい黙っちゃうんですね。微温的と言ったらいいのか。あの時代には知識人すぎるといってもいいと思いますけれど。

半藤　もうひとつ、たしかに言えることは、この国の人は遵法《じゅんぽう》精神が非常に旺盛だということ。会社でも組合をつくろうとすると、反組合派がものすごい圧力をかけてくるのが通り相場です。だいたい出世コースに乗っていると自分で思っているのはたいがい反組合派になる。会社や共同体に対する「遵法意識」も旺盛。いわんや、国家に対してをや、ですよ。

とくにいまの日本のように、政治主導・官邸主導の名のもとに、権力を「私」のために使うときとなると、それに同調していったほうが得になる。権力者に近いか遠いかで得するヤツと損するものがでてくると、大衆同調社会がどんどん強まりますよ。そうなるといっそう遵法精神が発揮されるようになる。強いものに服従するほうが楽というか、生きやすくなるんですよ。これにたいして逆らうことは、いやはや、漱石の『草枕』ではないが、「とかくに人の世は住みにくい、住みにくさが高じると、安い所へ引き越したくなる」んですな。（笑）。困った時代が到来しているんだと思います。

「九条の会」アピール

日本国憲法は、いま、大きな試練にさらされています。
ヒロシマ・ナガサキの原爆にいたる残虐な兵器によって、五千万を越える人命を奪った第二次世界大戦。この戦争から、世界の市民は、国際紛争の解決のためであっても、武力を使うことを選択肢にすべきではないという教訓を導きだしました。

侵略戦争をしつづけることで、この戦争に多大な責任を負った日本は、戦争放棄と戦力を持たないことを規定した九条を含む憲法を制定し、こうした世界の市民の意思を実現しようと決心しました。

しかるに憲法制定から半世紀以上を経たいま、九条を中心に日本国憲法を「改正」しようとする動きが、かつてない規模と強さで台頭しています。その意図は、日本を、アメリカに従って「戦争をする国」に変えるところにあります。そのために、集団的自衛権の容認、自衛隊の海外派兵と武力の行使など、憲法上の拘束を実際上破ってきています。また、非核三原則や武器輸出の禁止などの重要施策を無きものにしようとしています。そして、子どもたちを「戦争をする国」を担う者にするために、教育基本法をも変えようとしています。これは、日本国憲法が実現しようとしてきた、武力によらない紛争解決をめざす国の在り方を根本的に転換し、軍事優先の国家へ向かう道を歩むものです。私たちは、この転換を許すことはできません。

アメリカのイラク攻撃と占領の泥沼状態は、紛争の武力による解決が、いかに非現実的であるかを、日々明らかにしています。なにより武力の行使は、その国と地域の民衆の生活と幸福を奪うことでしかありません。一九九〇年代以降の地域紛争への大国による軍事介入も、紛争の有効な解決にはつながりませんでした。だからこそ、東南アジアやヨーロッパ等では、紛争を、外交と話し合いによって解決するための、地域的枠組みを作る努力が強められています。

二〇世紀の教訓をふまえ、二一世紀の進路が問われているいま、あらためて憲法九条を外交の基本にすえることの大切さがはっきりしてきています。相手国が歓迎しない自衛隊の派兵を「国際貢献」などと言うのは、思い上がりでしかありません。

憲法九条に基づき、アジアをはじめとする諸国民との友好と協力関係を発展させ、アメリカとの軍事同盟だけを優先する外交を転換し、世界の歴史の流れに、自主性を発揮して現実的にかかわっていくことが求められています。憲法九条をもつこの国だからこそ、相手国の立場を尊重した、平和的外交と、経済、文化、科学技術などの面からの協力ができるのです。

私たちは、平和を求める世界の市民と手をつなぐために、あらためて憲法九条を激動する世界に輝かせたいと考えます。そのためには、この国の主権者である国民一人ひとりが、九条を持つ日本国憲法を、自分のものとして選び直し、日々行使していくことが必要です。それは、国の未来の在り方に対する、主権者の責任です。日本と世界の平和な未来のために、日本国憲法を守るという一点で手をつなぎ、「改憲」のくわだてを阻むため、一人ひとりができる、あらゆる努力を、いますぐ始めることを訴えます。

二〇〇四年六月十日

井上 ひさし（作家）　梅原 猛（哲学者）　大江 健三郎（作家）
奥平 康弘（憲法研究者）　小田 実（作家）　加藤 周一（評論家）
澤地 久枝（作家）　鶴見 俊輔（哲学者）　三木 睦子（国連婦人会）

（「九条の会」オフィシャルサイトから）

第二話　近代日本と軍事

五日市憲法ふたたび

保阪　平成二十五年（二〇一三）十月二十日、美智子皇后が誕生日に宮内記者会の質問に対して文書で回答を寄せたことは、みなさんまだ記憶に新しいと思います。そのなかで、その年の想い出を尋ねられて「五日市憲法草案」のことをあげておられた。この指摘はきわめて重要です。後日、宮内庁が発表した文面からその該当部分を引きます。

「五月の憲法記念日をはさみ、今年は憲法をめぐり、例年に増して盛んな論議が取り交わされていたように感じます。主に新聞紙上でこうした論議に触れながら、かつて、あきる野市の五日市を訪れた時、郷土館で見せて頂いた「五日市憲法草案」のことをしきりに思い出しておりました。明治憲法の公布（明治二十二年）に先立ち、地域の小学校の教員、地主や農民が、寄り合い、討議を重ねて書き上げた民間の憲法草案で、基本的人権の尊重や教育の自由の保障及び教育を受ける義務、法の下の平等、更に言論の自由、信教の自由など、二〇四条が書かれており、地方自治権等についても記されています。当時これに類する民間の憲法草案が、日本各地の少なくとも四十数か所で作られていたと聞きましたが、近代日本の黎明期に生きた人々の、政治参加への強い意欲や、自国の未来にかけた熱い願いに触れ、深い感銘を覚えたことでした。長い鎖国を経た十九世紀末の日本で、市井の人々の間に既に育っていた民権意識を記録するものとして、世界でも珍しい文化遺産ではないかと思います」

五日市憲法草案は、一九六〇年代の末に東京の西端に位置する西多摩にある五日市の旧家から、歴史家の色川大吉さんたちが探し出したことで知られています。およそ半世紀を経て美智子皇后のことばが発表されて、あらためて、注目を集めることとなりました。その内容は、民衆憲法とも言うべき自由民権運動の精神に則った憲法だったことがよくわかります。私擬憲法といわれる民間の憲法草案が六十余あるそうです。明治憲法成立過程にあっても、国中の日本人がその草案を考えていたのですね。その日本人の知的なたくましさを再考する必要があります。

色川大吉
大正十四年（一九二五）千葉県生まれ、東大史学科卒業。東京経済大学のゼミナールで自由民権運動を調査研究。その過程で五日市憲法草案の史料を発見し、修復・整理して一般の人の目にも触れられるよう公開した。

半藤　そうなんです。美智子皇后が貴重な問題提起をされたのに、残念ながら、明治憲法、つまり大日本帝国憲法のことはこのところ、憲法論議のなかでほとんど論じられることがありません。しかしわたしはいまこそ見つめ直して欲しいと思っています。いまの憲法の反面教師として、そこに学ぶべきことはじつにたくさんある。

保阪　まったく同感です。そこからいきましょう。いまの問題と、なにがどのように繋がっているのか、きっと気づいていただけるはずです。

半藤　歴史のおさらいになりますが、読者のみなさんにはしばらくおつきあいをお願いしますかね。

明治憲法とは何だったのか

半藤　最初に言っておきますが、わたし流の幕末史観は、「明治維新」という言い方を認めたくないんです。そもそも明治維新などと立派な名前をあとからつけたけれど、「維新」という言葉は幕末には使われておりません。実際つかわれていたのは「御一新」でした。明治初期の、太政官符（明治新政府の行政機関である太政官から下す公文書）やいろんな人の手記を見ても、「維新」なんて言葉はほとんど出てこない。ごくたまにポツッ、ポツッ、とあるくらいでしてね。この、「維新」という中国由来の立派な言葉がつかわれだしたのは、もっぱら明治十年代以降なんです。政府の屋台骨がまだまだグラついていた時代に、政治を担う自分たち明治新政府には正当性があるのだということを主張するために「維新」という立派な看板を中国の古典から探してきたというわけです。

「幕末のぎりぎりの段階で薩長というのはほとんど暴力であった」とは、司馬遼太郎さんの言葉ですが、あれはやっぱり薩長土肥による権力奪取の暴力革命であったと見るべきだと思っています。その革命運動の名残りが、明治十年（一八七七）の西南戦争までつづきました。新政府の一派である西郷隆盛ひきいる叛乱軍を、もう一派の新政府軍が倒して西南戦争が終わります。ここまでが幕末である、というのがわたしの説です。でも学者はこの説を認めませんね、残念ながら。「それは名論卓説です」と言われたことはいっぺんもありません。

いずれにしても、政敵を倒すことにのみ薩長は身をやつしていましたから、明治新政府にはどういう国家にするのかという青写真がもともとなかった。どういう国家をつくろうかというイメージや構想なしに政権転覆がおこなわれ、暗中模索のうちに近代国家への道を歩み出してしまったということなんです。実際、多くの指導者が政敵・反対派の刺客に殺されていますよね。殺しあいによる権力闘争は、明治に入っても続いたと言えます。

天下をとった薩長土肥は新しい政府を立てて、どういう国家をつくるかということを、ここではじめて考えだした。しかし西南戦争で西郷隆盛がいなくなって、さあ新政府の体制固めだというところで、新政府の要であった木戸孝允はすでに病にたおれ（明治十年五月没）、内務卿の大久保利通は殺されてしまう（明治十一年五月）。グランドデザインを描いて、それを実行できる政治力を併せ持った人物がいっきょにいなくなってしまったというわけです。

保阪　その意見にぼくは賛成です。西南戦争は単に叛乱軍というだけでなく、そこには西郷思想や民権派や幾つもの勢力が入っています。つまり第二革命を起こして革命勢力の多様さを持たせていこうとの歴史意思があったと思うのです。グランドデザインがないまま、新政府の権力を握ったのがともに長州出身の、伊藤博文と山県有朋でした。残念ながらこの二人、西郷隆盛や大久保利通にくらべてだいぶ格が落ちますよね。

半藤　そうなんです。山県有朋も伊藤博文も、松下村塾門下だなんて自称していますが、本当にいたのかどうか定かでないような下っ端なんですよ。肝心要のひとたちがみんな死んでしまって、このふたりが生き残った。そして伊藤は民政・外交を引き受け、山県はもっぱら軍政を引き受けることになる。

いっぽう、西南戦争がはじまる前に、征韓論で下野した前参議の板垣退助が土佐で自由民権運動をおっぱじめている。その思想はあっというまに西日本に伝播して、士族叛乱をひき起こすきっかけとなりました。自由民権運動家が福沢諭吉らの説いた天賦人権論を提唱したのはよく知られています。すなわち世論にもとづいて政治を行うことは、国家にたいする国民の関心を高めることになって、それがまた国家を強くすることに役立つ。そうかれらは主張した。そして実によく勉強してフランス革命やアメリカ独立など、西欧の歴史的事実をしきりに援用したのです。

保阪　板垣はフランス革命にまで言及していたわけですね。フランス革命の影響は明治初期の日本人には大きかったと思う。陸軍内部にもこの面の研究を行う者はいましたからね。

半藤　そうなんです。フランス革命はごぞんじのとおり、王女マリー・アントワネットをギロチン台で処刑して、フランス王室を倒した市民革命ですから、天皇のいわば御親兵を預かる立場、陸軍のトップとして、山県有朋はこれを認めるわけにはいきません。自由民権運動をこのまま放置して、わが天皇家がフランスの轍を踏むことにでもなったらたいへんだ、というわけで全否定した。そして山県は、軍部や軍隊のなかに革命思想が浸透することを止めるべく、軍紀・軍律の厳格化を進めることになる。

いっぽう伊藤博文は、大隈重信や板垣退助ら民権運動のリーダーたちが強く求めていた国会開設を認めることによって、運動のさらなる盛り上がりや過激化をしずめようとした。天皇による国会開設の約束（明治二十三年を期して国会開設し、憲法を定めるとする勅諭。明治十四年に発せられた）は民権運動をなだめるために出されたようなものなんです。

そんなこんなでゴタゴタしながらも、立憲国家という国のグランドデザインがようやく決まった。憲法をつくって、政治家、官僚、そして国民はそれに従うというものです。その方針のもと、伊藤博文が勉強しに西洋をまわることになりました。これが明治十五年（一八八二）三月のことでした。

西欧列強の憲法を学ぶ過程で伊藤は、国をまとめていくには統合のシンボルを前面に立てないと、なかなか政治的に難しいということに気づきます。その点、西洋の国家にはキリスト教という機軸がある。憲法は、まさにその機軸を中心にしてつくられていることを知るんです。さて、日本にはキリスト教にかわるものがあるかと思いめぐらせてみると、仏教は衰退し神道は人心を帰依させる力に乏しい。しかしちょうどいいものがありました。「万世一系」の天皇家です。これについては、明治二十一年（一八八八）六月の枢密院「帝国憲法草案審議」の会議で、伊藤が所信表明として語っています。

「我が国にあって機軸とすべきは、皇室あるのみ。（中略）君権を機軸とし、（中略）これ起案の大綱とす」。こうして、「天皇を機軸にした立憲君主国」という目指すべき国のかたちがどうやら定まった。

そうそう、明治憲法と言えば、忘れてならないのが明治十四年の政変。このとき大隈重信が伊藤博文内閣から追い出されたのは、簡単に言えば、プロシアの専制的なビスマルク憲法か、イギリスの議院内閣制の憲法か、いずれを選ぶかの対立によるものでした。けっきょく後者を支持していた大隈らが排除されてプロシア型を政府は選択したというわけです。明治憲法も政権内において、そうとう激しい悶着がありました。

明治十四年の政変
西郷隆盛らによる西南戦争の混乱が収束した直後から火がついた自由民権運動に政府は何らかの対応を迫られていた。そんな状況下、大蔵卿の要職にあった大隈重信が早期の憲法制定とイギリス流の議会開設をうたった意見書を独断で奏上したことで、伊藤博文や岩倉具視と敵対することになる。結果的に大隈たちの勢力は新政府部内から追い出された。これを明治十四年の政変と呼ぶ。

保阪　半藤さんの今の意見にとくべつに異をはさむつもりはありません。おおむねそのような流れだと思います。ただぼくは、明治政府をつくった薩長政権の内実は、一般に言われているほど強固だったとは思わない。明治四年から六年にかけて岩倉使節団が、留学も含め百人を超えるメンバーで、欧米十二カ国を視察します。つまり近代国家とはいかなる国家を指すのか、そのモデル探しのような視察です。伊藤博文や大久保利通など皆がでかけて留守をあずかったのが西郷隆盛でした。西郷は自分なりの改革を行い、使節団が日本に帰ってから対立状況になります。征韓論などもそのひとつでした。結局、西郷は新政府を離れて故郷へ帰ってしまいます。それが西南戦争の伏線です。そして明治十年の西南戦争は、より徹底した革命を目ざしたとの説や自由民権運動の闘士や新政府に批判をもつ賊軍の兵士なども参加したもうひとつの明治維新といった説などさまざまでした。この西南戦争は実は薩摩と長州の闘いといってもよかった。結局、西郷軍は破れますが、新政府の側にいた明治政府の薩摩出身の要人は全員が薩摩には帰れなかった、いや受けいれてもらえなかったということです。

ですから岩倉使節団の見聞の結果として存在する明治憲法はその体裁に「君民一致」というタテマエに終始しなければならなかったということです。いまの日本国憲法のことを、占領憲法だ押しつけ憲法だと批判する人がいますが、こうして見ると、明治憲法とて借り物のような憲法だったのですね。

半藤　そう、あやしいモンだったんです。なにしろ軍についてはたった二か条しかない。

保阪　そうです。十一条「天皇は陸海軍を統帥す」と、十二条「天皇は陸海軍の編制及び常備兵額を定む」の二か条だけです。

半藤　たった二か条で、あの巨大な軍部を抑えようなんて無理ですよ。

保阪　しかも自在に解釈できるような文言ですね。

半藤　天皇のこの統帥大権について天皇を輔弼《ほひつ》するのがだれであるのかは、憲法に定めがないんです。あえて無理に解釈すれば、五十五条の国務大臣による輔弼が適用されると言えるかどうか。しかし憲法より前に参謀本部条例が出来ていて、参謀本部長だけが天皇に軍令を提案できるようになっている。本来ならこの軍令の条項を憲法に入れるべきでした。

保阪　けっきょく陸海軍は統帥が独立しているという理由で天皇と直結し、政治の枠組みを越える存在となってしまいました。ですから昭和五年のロンドン海軍軍縮条約で、政友会が民政党攻撃に「統帥権干犯」という語をもちだして、軍部に都合のいい口実を教えましたよね。軍部がそれ以後、この語を用いて政治を圧迫しました。これが戦争にゆきつくのですが、あえていえばこの語は憲法に保障されているわけではない。むしろ憲法違反の用語ですよ。なのにだから戦後になって、長谷川清のような海軍の良識派が、統帥権干犯をいうなら、あのとき明治憲法を改正しなければならなかったと述べています。なんのことはない、明治憲法は昭和五年に死滅しているとの論さえあるのです。明治憲法の規定によれば立法権をもつのも天皇で、帝国議会は「立法協賛機関」という、まるでおまけのような位置づけでしたからね。

長谷川清

明治十六（一八八三）福井県生まれ。海軍兵学校卒業。戦艦「三笠」（連合艦隊旗艦）で日本海海戦を経験。アメリカ駐在武官、日中戦争時の駐留艦隊司令長官。昭和十五年（一九四〇）から十九年（一九四四）まで台湾総督。戦後A級戦犯容疑で巣鴨収監となるも釈放。昭和四十五年（一九七〇）没。

半藤　つけ加えておきますが、首相の任命など重要案件で天皇に助言を与える元老、そして内閣についても憲法にはなんら規定がないのですから、やっぱり明治憲法そのものがどうもねえ、穴が多い。しかも戦争に負けるまで、明治憲法はきちっと評価・分析されてきませんでした。

戦後に憲法草案要綱をつくることになる憲法研究会の鈴木安蔵は、戦前に明治憲法の制定史を書いて出版しましたが（昭和八年刊『憲法の歴史的研究』）、たちまち発禁処分を受けている。昭和に入ったら学術的検討をも許されなくなってしまいます。美濃部達吉の「天皇機関説」については、ごぞんじのとおり。徹底的に叩かれました。

鈴木安蔵
明治三十七年（一九〇四）福島県生まれ。京都帝大の学生のとき、治安維持法違反を適用された最初の事件である京都学連事件で起訴された。出獄後、大日本帝国憲法の成立史を研究。戦後、高野岩三郎（東大教授）の呼びかけを受け、憲法研究会に参加した。

保阪　こうした明治憲法の瑕疵は、けっきょく伊藤博文の能力の限界であり、明治政府の準備不足ということだったのでしょうね。

半藤　たしかに、そういう面もあったかもしれませんね。頭はよかったかもしれませんが、幕末の身分の低い志士出身で学問の基礎ができていませんからね。それに自由民権運動をいかに抑えるかというのが伊藤内閣の最優先課題でしたから。政府首脳らの憲法観というのは、刑法や民法の親玉でしかないというくらいの考え方だったのではないですか。憲法などなくても、「維新の元勲」ら維新第一世代が合議して運営していけばよいのだ、という程度の考え方も根強かった。いわゆる有司専制のどこが悪い、という程度ではなかったか。

有司専制
官僚が独断的に事を取り計らうこと。明治初期、自由民権派が藩閥政府による専制的政治を非難したときに用いた語。

近代軍をつくって

半藤　つづいて建軍の話。時間を少しだけもどします。

明治十年（一八七七）に西南戦争がはじまったとき、長州出身の山県有朋は四十歳で陸軍の最高の地位（陸軍卿）にありました。戊辰戦争のときの討伐軍参謀でしたから実戦経験の豊富なひとでした。しかしながら、明治建軍の最大の功労者は山県ではなく大村益次郎です。各藩軍の集合ではなく、新政府の軍組織の青写真をもっていたのは大村であり、彼は着々とその充実のための仕事にとりかかっていました。兵学校の設置、軍需工場の建設そして徴兵制の構想などなど。大村はこれら大胆な兵制整備を整えつつあったのですが、明治二年（一八六九）に頑迷な攘夷論者たちに襲われ、命をおとしてしまう。四十六歳でした。

大村益次郎
文政七年（一八二四）生まれの長州藩士。医者の長男として生まれ、医学、蘭学を学ぶ。大坂の緒方洪庵主宰の適塾で学び、塾頭になる。西洋兵学を学び、宇和島藩や幕府蕃書調所で西洋兵学を教えた。長州藩に帰り高杉晋作らと奇兵隊を創設。幕府軍との長州戦争、さらに戊辰戦争で軍事の専門家として地位を確立した。

保阪　長州ではこの人がもっとも先見性があると思う。実際に大村が命がけでつくりあげようとした軍の実権を、後継者となってその手に握ったのが山県だったというわけですね。

半藤　そのとおりです。その山県が参謀長として新政府軍を率いて戦った西南戦争の勝敗の形勢は、勝海舟という恐ろしく先の見える男でさえ、「新政府軍は負けるぞ」と見ていたというのですから、はっきりしなかった。勝っつあん、「もういっぺん、御一新のやり直しとなるかもしれない」と覚悟していたという。なにしろ西郷軍は日本最強の軍隊でした。

徳川幕府軍と争った戊辰戦争の勝利は、薩長の軍事力によるものですが、なかでも薩摩陸軍は圧倒的に強かった。鹿児島に引き揚げていた明治十年（一八七七）の西郷軍は数字については諸説ありますが、兵力（私学校）一万三千人、小銃一万三千挺、大砲六十門と、当時としては立派な大軍なんです。対する新政府の征討軍は、数こそ三万四千とうわまわっていますが、明治六年（一八七三）からはじまった徴兵令で諸国から集められた農民が中心のへっぽこ兵ばかり。いっぽう西郷軍は歴戦のつわものぞろいです。

ですから明治新政府は、兵器・装備で差をつけるしかない。金に糸目をつけず新兵器を買い入れた。歴史というのはおもしろいもので、ちょうどそのときアメリカで南北戦争が終わったばかり。南軍北軍双方に売るための最新兵器、新式銃などがたっぷり余っていたんです。それを根こそぎ買って、兵に持たせた。さらに新政府は武器を買い込むだけではなく、かつての敵である旧幕臣や東北諸藩の優秀な元藩士らを新政府軍に引き込んだ。要するにもう、なりふり構わず必死だったのです。その結果、最終的に政府軍は五万数千にもなったと言われます。死傷者一万六千。西郷軍も、蜂起後に集まってきた兵は、二万とも、三万ともいわれています。こちらの死傷者は二万人余でした。

新政府軍はじっさい苦戦を強いられた。しかしこれは山県有朋の目先の利くところと申しますか、戦いをつうじてかれは情報というものを非常に大事にした。もし土佐の板垣退助らが、薩摩の味方をして立ったら新政府軍の勝利はおぼつかない。そう考えた山県は、土佐にスパイをヤマほど潜入させているんです。スパイからの報告が次から次へとあがって来て、土佐は立たないことを確信し、山県はそれに応じた戦術を立てている。その記録が防衛庁戦史室に残っています。

また、土佐だけでなく肥前にも東北各県にまでも、スパイを放って敵の情報を仕入れていました。西南戦争の前には、明治七年(一八七四)に江藤新平前司法卿による佐賀の乱、同九年(一八七六)には前参議の前原一誠らによる萩の乱と、反政府の挙兵が相次いでいますからね。戦々恐々なのですよ。

保阪　いわゆるインテリジェンスですよ。実はこれは山県のすぐれた能力もあるでしょうが、もともと江戸時代は各藩とも情報収集、分析には力を入れていたんです。そういう各藩の情報分析に長けた者を山県はうまく使ったんでしょうね。それにこの時代に登場した情報戦の要はやはり電信ではないでしょうか。新政府軍は大阪に本部を据えて、前線部隊の拠点である下関とのあいだに電信を敷き、綿密な情報のやりとりをしました。三年ほど前に報道されましたが、岩倉具視が使っていたという「暗号表」や、西南戦争当時に岩倉らが各地から集めた「秘密通信文」が公開されたそうです（二〇一四年二月三日、日本経済新聞など各紙が報道）。岩倉がスパイを使って情報戦をやっていたというのは有名な話でしたが、その証拠が見つかったと話題になった。これらを含めた大きな意味での近代兵器を駆使したことによって、なんとか薩摩軍を破ることができたわけですね。

戦い済んで整備した軍紀

半藤　西南戦争がおわって山県は、軍人教育の必要性に思い至って軍紀・軍律の草案づくりに手をつけます。というのも、徴兵で集めた農民や商人の子弟が中心の部隊は、西郷軍に攻めたてられるとあっさり後退してしまったからです。津和野藩出身の西周《にしあまね》に依頼して、「軍人訓誡」というタイトルの、文字どおり「戒め」をつくらせています。

保阪　これは自由民権運動の盛り上がりとも関係があるように思います。西南戦争の最中に、板垣退助らが提唱しはじめた自由民権論が燎原の火のように国中に拡がった。実力組織が反政府側についたらどうなるか。実際に一部は加わっていたとの見方がありますし……。このとき山県をはじめとする新政府の要人たちが抱いた自由民権運動に対する恐怖心は、そうとう大きいものだったはずです。

半藤　そうだと思います。ことと次第によっては政府があぶなくなる。まだ権力闘争はつづいていましたからね。

保阪　そういう背景があって明治十一年（一八七八）八月二十三日、大事件が起きます。竹橋事件です。皇居のそばの竹橋に駐屯する近衛砲兵大隊の兵卒ら三百人ほどが、赤坂仮御所にいる天皇に強訴するため叛乱を起こしました。

半藤　山県は西南戦争での恩賞を査定する「勲功調査委員」をやっていますが、褒美は大尉以上に限られていたようで、兵卒らには不満がたまっていました。そのうえ政府予算が逼迫していたため、兵卒の給与が五パーセント減額され、日々の食事さえ十分ではなかったとも言われています。明治六年（一八七三）に徴兵制が公布されてまだ五年しかたっていません。徴兵そのものへの反発もあったのではないか。

保阪　西南戦争で生き残った新政府軍の兵卒らは、「徴兵とは、こういうことだったのか」と、いまさらながら怒りや恐れを感じていたでしょうね。そのうえ、もらえる金も減らされたとあっては怒らない方がおかしい。

半藤　さきほども言いましたが、軍のトップとなった山県がもっとも恐れたのが、軍隊のなかに自由民権思想や革命思想が浸透してくること。天皇中心の国家が、多大な犠牲をはらってようやく成立しようとしているのに、それを危うくするような思想を野放しにはできない、というわけです。まさにそのタイミングで起きたのが近衛砲兵大隊の叛乱、竹橋事件だったのです。

密告者が現れて、大事には到らず一晩で鎮圧されたのはいいけれど、兵らが宮城に火を放つつもりだったことを知って、山県はたいへんな衝撃を受けた。

保阪　主謀者をすぐさま処刑するなど、対応は早かった。これが山県のその後につづく伏線ですね、一刻も早く天皇への忠誠を全将兵の精神に刻み付けなくてはならないと決意させられたのでしょうね。

半藤　ええ。尊王攘夷から出発した山県には、帝にむかって山砲を引いて強訴など、決してあってはならないことでした。天皇のための軍であること、天皇への忠誠心、ここから兵を教育する必要があると考えた。「天皇の軍隊」の理念と精神をまとめた『軍人訓誡』が、事件から間を置かず十月には陸軍の全将兵に配布されていますから、まさに速攻対応でした。そして山県は軍の制度も変えるんです。「参謀本部条例」を発布して、それまで陸軍省の一部局であった参謀局を、陸軍卿の傘下から切り離した。これがのちのち大問題に発展する、いわゆる「統帥権の独立」です。

　これについて語る前にひとことつけ加えておきます。山県は竹橋事件の直後、「神経不調症」ということで療養に入っています。当時、敷地が二万坪にもおよぶといわれた目白の椿山荘を私邸として建設中でした。世間の不評をかっていたことも「療養」の背景にあるのではないかと言われています。いずれにしろ復帰してすぐ、参謀本部構想を実現しようとしたのですから、山県は俊敏でした。陸軍卿を辞めて参謀本部長に転出しますが、これについては岩倉具視や伊藤博文、陸軍卿の後任となる西郷従道らにしっかりと根回ししています。

保阪　参謀本部長は天皇に直属して、軍の作戦や指揮を一手に取り扱うことになった。天皇に「このような作戦でいきましょう」と意見具申する権限、これが「帷幄上奏権《いあくじょうそう》」です。この権限は参謀本部長にだけ与えられ、しかも陸軍卿や内閣総理大臣にも影響されず、単独で行使できるようにしてしまった。この「帷幄上奏権」は、憲法上明文化されるわけではなく、いわば軍内に伝えられる統帥権優位の思想ですね。この権限は、統帥部（陸軍では参謀本部ですが）全体にあるのではなく、部長その人にあります。しかし法的にはかなり曖昧だったといっていい。

半藤　軍事を軍事行政と軍事命令とに分ける制度についても、その背景を説明しておきます。軍事行政を陸軍卿・省の権限とし、そして軍事命令、つまり軍令の系統は独立させて天皇に直結させた。政府（文官）の介入を排除するというこの制度変更は、西南戦争のときの苦い体験もあってのことなんです。新政府軍はあのとき政府直属でした。つまり作戦の執行にあたっていちいち政府の許可を得なければならず、通信網を駆使しても、日々刻々変化する戦況に追いつかないことが少なくなかった。大事なところで後手を踏んで敵を利する事態が起きていたというわけです。山県は、このままにしておいてはダメだと身に沁みた。

保阪　しかし政治と軍事命令を分けてしまったら、軍が独走したときに政治によって止めることができません。両者で調整することが必要になる。明治維新の功績をもつ元勲たち、いわゆる元老が元気なうちは、元老会議がその役割りを担っていたわけですが、やがてだれもいなくなりました。これが昭和の帝国陸海軍の悲劇を導くことになっていく。まったくだれもが不安に思っていた通りの状態になったんです。

半藤　注目してもらいたいのは、この「参謀本部条例」が発布された時期なんです。明治十一年（一八七八）ということは、明治憲法ができるじつに十一年も前。「政治の統制から独立した天皇の軍隊」という軍の基本構造が、国のかたちをしめす憲法に先んじて決められてしまった。つまり近代日本は、憲法をつくるその前に、言い換えればこの国のかたちをどうするかということを決める前に〝軍事国家〟への道を歩み出していました。それを先導したのが長州出身の山県有朋でした。

軍人勅諭発布

保阪　昭和の軍事主導の伏線です。そして軍隊の精神教育に関して山県は、竹橋事件に懲りてつくった「軍人訓誡」ではまだ飽き足らず、さらに内容を深めた「軍人勅諭」を明治十五年（一八八二）に発布していますね。

半藤　ええ。というのも、「軍人訓誡」を発布した後も、自由民権運動などの政治思想が軍隊の上に下に、入り込んでいたからなんです。訓練や任務に耐えられずに脱走兵が出たりもした。「軍人訓誡」では「忠実、勇敢、服従の三約束が軍人の精神を維持する」としたのですが、それでは弱い、と山県は考えた。第一に「忠節」をもってきたんです。そしてこう明記した。「世論に惑はず政治に拘らず。只々一途に己が本分の忠節を守り、義は山嶽よりも重く死は鴻毛よりも軽しと覚悟せよ」とね。

保阪　それが「軍人勅諭」の核となる思想です。しかし「世論に惑はず政治に拘らず」の一節は、山県のこのときの意思とは別になって昭和では理解され、世論や政治とは一切関わらずのような形になってしまう。天皇に対する絶対忠節を謳いますが、兵の命なんてものは鳥の毛よりも軽い、なんて、さすがにいまは言えませんが、このときは、それこそ必死だったことがよくわかります。軍隊の非政治化・中立化を達成し、かつ天皇のために死ねる兵卒を育成しようとしたんですね。

半藤　肩をもつわけではありませんが、山県有朋にも、強い軍隊にするための苦悩はずいぶんあったのだと思う。なにしろ長らく日本人は藩主に対する忠義に生きてきた。先祖伝来、藩公からの経済的支給が君恩としてその魂に沁みこんでいます。農民にしても、「オラが殿様」にしっかり年貢を納めることが村の誇りでした。天皇にはなんの恩義もない。そんなもんだったのです。

　これはもう、軍人だけでなく、子どものころから天皇のありがたさを教えて愛国心を養成する必要がある、と考えたのでしょう。要するに、国家をまもる領土の国防線と、国家の利益を維持するための境界線＝利益線のふたつの線をまもるために強い軍隊をつくらなければならない。そのために教育をしっかりやらなくてはいけない、という理屈です。山県は一貫してこれを言っています。

「勅語」ということばについて、読者のためにここでちょっと解説しておきます。「訓誡」というのは一般的な意味での戒めにすぎません。「勅語」と「勅諭」は天皇のお言葉ですから重みが違う。「勅語」は天皇のお言葉全般を指します。そして内閣の全閣僚の承認の署名が記されます。つまり副署が必要。「勅諭」は天皇のお言葉そのものですから、内閣がどうのという必要はない。とりわけ天皇が直接に戒めたり指導したり、といった意味合いの用語でした。

中学校の一年だったか、わたしも「軍人勅諭」を読まされた。陸軍現役将校学校配属令で中学校に将校が配属され、その軍人が軍事教練と称して隊列行進、銃剣道、軍隊式体操などを指導したんです。「軍人勅諭」の暗記も教練の一環でした。出だしはまだ覚えています。

「わが国の軍隊は世々天皇の統率し給う所にそある。昔神武天皇みずから大伴物部のつわものどもを率い中つ国のまつろはぬものどもを討ち平け給い高御座につかせられて天の下しろしめし給いしより二千五百有余年を経ぬ」

……とここまではいまも言えます。

しかしこれは、「教育勅語」ほど完璧にはアタマに入っていません。第一話でお話ししたとおり、学校教育の現場では教育勅語のほうが大事でこっちは付けたりでしたからね。とは言え五か条の文頭、主題にあたるところは、先生から「半藤、言ってみろ!」なんて指名されて、ちょいちょい言わされました。忠節、礼儀、武勇、信義。あとなんだ、質素か。

一つ、軍人は忠節をつくすを本分とすべし

一つ、軍人は礼儀を正しくすべし

一つ、軍人は武勇を尚《とうと》ぶべし
一つ、軍人は信義を重んずべし
一つ、軍人は質素を旨とすべし

明治天皇陛下が直接お前たちにお教え賜うている言葉であるから、きちんと覚えろ、と言われたような記憶もありますねえ。だから五つはいまでも頭から離れません。「軍人勅諭」のおかげで日本兵の精神に一本芯が通ったのだ、という話は、わたしら子どもも学校で先生からさんざん聞かされた。日本の軍隊はそのおかげで強い軍隊になったんだと。それでもまだ足りない、というので東條英機の「戦陣訓」ですよ。

保阪　これについても少々解説しておきましょう。

昭和十二年（一九三七）に「支那事変（日中戦争）」がはじまってから、日清日露の戦争では見られなかった戦場での軍規、風紀のみだれが増大しました。上官への暴行、戦場離脱、強姦、放火、略奪が横行したといいます。軍の上層部ではなんとか手を打たなくてはならんと考えて、教育総監部第一部第一課の精神教育班と陸軍省軍務課が担当して兵に与える「戦陣訓」作成にとりかかった。このとき「軍人勅諭」との関係をどうするかという問題にぶつかるんです。明治天皇による道徳訓を賜っているのに、それ以上の精神訓が必要なのかと。五か条の徳目を徹底すれば、軍規、風紀のみだれなど起きるはずがないという理屈ですが、それでも犯罪は起きていました。やはり必要だとなって、甲論乙駁の末につくられたんです。

作家の島崎藤村が文章の仕上げをやっているんですよね。藤村ファンならそれとわかる美文になって、昭和十六年（一九四一）一月に陸軍大臣東條英機の名で「戦陣訓」が全軍に示されました。東條の権勢のあるときでしたから、師団長はこぞってこの「戦陣訓」を兵士に復唱させたといわれていますよ。しかし石原莞爾のように、軍人勅諭があるのにこれはなんだ、屋上屋を重ねるようなことをするな、と部下に無視するよう命じている部隊もありましたけどね。

半藤　軍隊は、それでようやく大丈夫だということになりました。ここまでやらなくてはならなかったということは要するに、わたしたち日本人は、およそ軍人には向かない民族だということかも知れませんねえ。

保阪　向いていないのだと思いますね。ですから「序」の部分で、「軍人勅諭」について触れてあるが、ややもすれば、「眼前の事象に捉われて大本を逸し、時に其の行動軍人の本分に戻るが如きなしとせず」とあります。江戸時代二百七十年のあいだに、武家は戦うエネルギーを芸とか文化向けに変えました。敵を倒す武術、技能をハウツウにするより、精神修養や美学に向かわせた。闘いを文化に変えていく知恵と言うべきか。本来、そういう力をもっているとみるべきです。あえてここでふれておきますが、日本人は徳川二百七十年余、ただの一回も外国の「敵」と戦っていないんです。その間、戦うための武士階級は戦う武術をきわめて抑制の効いた文化に変えたのです。その非戦の歴史は潜在化していましたが、憲法九条によって顕在化したとみることができるはずです。ぼくはもっかこのことを深く考えているんです。明治もこの流れで捉えるとどうなるか、考えていきたいですね。

明治の軍制改革

半藤　明治の軍政にもういちど話をもどしますと、山県による軍政改革は、明治十五年（一八八二）から本格的にはじまっています。なかでも最初の年、明治十五年の施策は注目にあたいします。

一月、軍人勅諭。八月には戒厳令の制定。そして九月に軍法会議が設置された。じつは軍法会議の設置は、軍隊にとっていちばん重要なことなんです。軍隊というのは、人を殺すことをためらわず戦う組織です。あらかじめそれを許しておかないと戦えない。しかも、そのためには独断専行も認めねばなりません。結果として、戦闘において相手にダメージを加えた場合、一般的な刑法や民法で裁かれたのでは軍人は戦えませんから、そのためにおのずから軍隊は固有の司法制度を持つべきであると考えられた。軍法会議は、のちにできる明治憲法にも規定される「特別裁判所」のひとつです。前の年には憲兵制度が創設されていて、陸軍・海軍の刑法、訴訟法などもつぎつぎに整備されていきます。いわゆる戦時の罪だけでなく、平和時でも将兵のあらゆる不法行為を軍法会議で裁くことができるようになりました。これは憲法ができる前のことなんですよ。

自衛隊は軍隊と違うのかというと、じつはここのところが決定的に違う。自衛隊が軍隊でない以上、軍法会議はない。もちろん、独断専行など許されるべくもない。この点をいまの日本人はほとんど理解していません。改憲を言っている人もよく分かっていないのではないかと思います。「自衛隊ったって、中身は軍隊じゃないか」などと言う人がいますがとんでもない。大きな違いです。自衛隊は、自国民はもとより、他国の人民も殺傷することを前提にしていませんから、彼らを通常とは別の法体系で裁くことを想定していない。だから軍法会議がないのです。

たとえば治安出動で国内に部隊を展開した際、「職務の行使」として人を殺傷した場合、これは「警察官職務執行法」にもとづいて裁かれます。自衛隊は、警察官とおなじという扱いです。だから軍法会議ではなく、起訴された場合は一般法廷で裁かれる。海外で武器使用する場合も日本の刑法の規定を守れとしています。自民党草案には、自衛隊は国防軍にする、と書いてありますがね。このへんのことを、はたして分かっているのかどうか。まあ、この問題はひとまず置いておきます。あとでじっくり語りましょう。

保阪　半藤さんのその意見にまったく同感です。後で論じることにして明治時代についていうなら、では山県は、どのような軍事学をうち立てようとしたのか。

明治十六年（一八八三）に陸軍大学校を創立したときに、フランスの軍人を招いてその軍事学を学ぼうとしました。しかしナポレオンタイプの軍事学は日本に合わないというので帰国してもらうことになる。もちろんそのほかに普仏戦争によって、フランスはプロイセンに敗北するということもあり、その軍事学に日本の軍事指導者は関心を失ったということでしょう。

半藤　ようするにフランスは共和国です。王様はいませんから、かの国の軍隊は参謀本部の命令のもとに動く軍隊なんです。ところが明治十五年（一八八二）に軍人勅諭を定めたときに、こちらは「朕は汝等陸海軍の大元帥なるぞ」と天皇をその頂上に位置づけた。天皇の命令で戦う軍なのです。フランス式だと山県有朋のために戦うということになってしまう。これではマズイ、日本には合わないとなった。

フランス軍人を帰したあと、二年後の明治十八年（一八八五）にプロイセン、つまりドイツの軍人メッケルを招きます。かれが自国の軍事学を日本に教えこんだ。

どの国にもそれぞれ独自の軍事学がありますね。過去の戦争、地政学、国民性、あるいは近隣諸国との関係などの蓄積のうえに、その国独自の軍事学がつくられていく。たとえばアメリカの軍事学の根底にあるのは、軍需産業の論理です。それに加えて、凄惨な南北戦争を体験したがゆえに自国の領土では決して戦わない、というような特徴があります。自国に指一本ふれることも許さないといった軍事学です。フランスの軍事学はナポレオンの戦争観が伝統になっていて、地上戦ではとにかく直線的に歩兵を中心に進んでいく戦術をとるのが特徴です。

プロイセン、ドイツの軍事学をひと言で言うなら皇帝のための軍事学なんです。参謀や将校は、皇帝を支えるためにいかに優秀な軍人になるかが問われました。山県がつくろうとした「天皇の軍隊」の将兵にはもってこいの軍事学だった。そしてメッケルの教えた戦術、つまり死をおそれぬ肉弾攻撃をもとにした個々の戦術は、その後の日清戦争、日露戦争の勝利に結びついて日本軍で神格化されていくことになります。

半藤　明治十八年（一八八五）の、メッケル着任以降の軍制改革のながれを見ると、翌明治十九年（一八八六）一月、それまで陸軍の編成単位だった「鎮台」を廃止して師団への改編を決定しています。明治二十一年（一八八八）五月、ついに師団司令部条例が制定されて、近代的な軍隊のかたちが整った。西南戦争終結からじつに十年もの歳月がかかったというわけです。

保阪　そのすべてが、大日本帝国憲法の成立する前のことなんですよね。くり返しますが、憲法ができても軍隊に対する条項は十一条と十二条の、わずか二つ。その条文は、十一条、「天皇は陸海軍を統帥す」。十二条、「天皇は陸海軍の編制及び常備兵額を定む」だけですから、憲法は軍事に触らないと言っているようなものでした。少なくとも軍事とは距離を置いた。憲法によって軍事をコントロールするという近代国家の基本を放棄したかたちで憲法をつくってしまった。

半藤　つまり軍隊は、憲法から独立しちゃったんです。統帥権の独立です。

保阪　前述のように憲法発布の四十一年後、昭和五年（一九三〇）にはその明治憲法も、「統帥権干犯」の威嚇の声で軍備拡張を主導する勢力によって崩壊同然にされた。同時に軍部独走を許すことになっていきました。

軍事主導体制を選んだ背景

保阪　明治新政府は軍事主導の国家の道を選んだ。では、近代日本はどのような国のかたちを選ぶことができたのか。実現可能性はともかく、選択肢は三つあったように思います。ひとつは実際に選択された軍事主導体制による後発の帝国主義の道。もうひとつは、江戸時代に各藩がそれぞれ育ててきた伝統を踏まえ、その各藩による連邦制が考えられます。三つ目としては、中央集権でもなく連邦でもない、人類にさきがけるような徹底した国民国家への道が、もしかしたらあったかもしれない。

たとえば横井小楠は、身分を越えてフラットな議会政治を実現しようと考えました。小楠研究家の徳永洋氏がいわく、小楠が目指そうとしたのは西洋の覇権主義ではなく「『仁義』に基づいた『富国強兵を超えた理想国家』」(『横井小楠――維新の青写真を描いた男』新潮新書)でした。明治に入ってからの自由民権運動のなかにも、かなりの力をもって藩閥や門閥を打ち壊す、文字どおり自由な政治参加を目指す志向を見ることができる。しかし薩長を中心とした明治新政府が選んだのは第一の道でした。軍事主導体制を選んだかれらの決意の背景に、いったいなにがあったのか。

長州も薩摩もイギリスと戦争をし、いっときフランスとも戦火をまじえたりして、西欧先進国の圧倒的な軍事力に驚かされた。現状の力ではとてもじゃないが、かなわない。列強が植民地支配を進めているさなかのことでしたから、一刻も早く軍事力を強化しなければ、彼らの意のままにされてしまうという焦りは大きかった。ですから明治新政府の選択は無理もなかったと思います。また、十九世紀末、ヨーロッパで君主制を廃止していたのはフランスとスイスだけ。あとは君主制の国家です。つまり君主制は西欧帝国主義の政治体制の根幹でしたから、明治新政府が天皇を前面に打ちだす背景にはそういう教訓もあったのではないでしょうか。

横井小楠
文化六年（一八〇九）生まれ。熊本藩士。福井藩主・松平春嶽に招かれてブレーンとなり、公武合体に尽力。開国論者として幕末の多くの人士、西郷隆盛、勝海舟にも影響を与えた。新時代の政治・社会の青写真を説いたが、明治二年（一八六九）に暗殺される。

半藤　当時のアジア情勢を見ると、明治十七年（一八八四）にイギリスとドイツが東部ニューギニアを領有。翌十八年（一八八五）にドイツはマーシャル諸島に進出、フランスは澎湖島を占領、イギリスはビルマに出て行っている。ベトナムがフランスの植民地にされたのが明治二十年（一八八七）でした。ようするに明治十年代から二十年代にかけて、アジア・西太平洋地域では、西欧列強の侵略がいたるところで起きていた。いわゆる帝国主義の時代です。アジアは植民地政策の餌食にされていたんです。ウカウカしていたら独立国家日本だって、たいへんなことになっていた危険性はあった。やっぱり軍備増強のほかに選ぶべき道はなかった、と言っていいのかもしれません。
　明治十九年（一八八六）に長崎で、ちょっとした事件が起きています。清国の北洋艦隊の重量級戦艦が長崎のドック（造船所）に修理のために入った。その際、水兵らが長崎の町で暴れたので、日本の警官や町の人びととの間で小競り合いとなった。これが長崎清国水兵事件。このとき日本はまだ清国と同等の戦艦をもっておらず、清国からまざまざと戦力の差を見せつけられている。これが日清戦争の八年前の出来事でした。

その当時日本の陸軍兵力は東京、仙台、名古屋、大阪、広島、熊本の要地におかれた六鎮台すべて合わせても、三万一千余だったんです。ほかに近衛兵が三千三百ほど。後備兵を全部動員しても総兵力四万六千。衰えたといわれた清国ですが、当時の兵力は百万といわれていました。その清国でさえ、西欧列強にジワジワと侵蝕されている。清国とおなじような命運をたどるのではないか、という恐怖感はもの凄くあったと思います。

保阪　そうでしょうね。まだ明治国家はできあがっていなかった。では、軌道修正がまだまだできたはずのこの時期にあって、自由民権思想による議会政治をめざせと言った大隈重信や板垣退助はなぜ自分たちの主張を通すことができなかったのか。

ぼくは、かれらの民権思想の受け止め方がやや脆弱で、思想として固まっていなかったような印象をもっています。植木枝盛は当時としてはかなり先駆的な憲法草案を書いていますが（明治十四年）、三十六歳という若さで早世したこともあって自由民権運動を牽引することはできませんでした。けっきょくかれらは政権を担うだけの力をもち得なかったと思います。明治新政府と拮抗する政治的勢力にはなれなかった。

それで思い出すのが徳富蘇峰なんです。かれは熊本藩の郷士の生まれですが、ごぞんじのとおり明治十年代は民権主義者でした。新島襄のつくった同志社英学校に学んでいったんは熊本に帰りますが、一家をあげて東京に出て来るのが明治十九年（一八八六）。そして『将来之日本』という論文を書く。それは「これから日本は平民主義でいくべきだ」という論旨を含んでいました。ところが日清戦争以後に蘇峰の思想的立場はコロッと変わってしまう。その背景には『国民新聞』の記者、そして経営者として戦争指導者たちと知り合い、国をとりまくさまざまな国際情報を得たこともあるでしょう。しかし、とりわけ大きかったのが、明治二十八年（一八九五）の、ロシア、フランス、ドイツによる三国干渉でした。これをきっかけにいわゆる「国権派」になっている。そして第一の道に合流していくんです。

このときの国際情勢は、簡単に言うなら「勃興する新興国対先進国」という構図でした。蘇峰が見たのは、まさに先進帝国主義国家が新興国を圧迫する国際情勢です。それを間近に見たことによって国権論者になったのだと思います。その変容は、ある意味自然な成りゆきであったのではないか。戦後の教育では、あたかも非戦派が正しく国権派が悪かった、というような図式を描いてきましたが、しかし、もしぼくたちがあの時代を生きたとしても、おなじような変容をしたのではないかと思います。

植木枝盛

安政四年（一八五七）生まれの土佐藩士。板垣退助の立志社に参加し、自由民権運動に入る。新聞等に執筆し論陣を張る。明治十四年（一八八一）に「東洋大日本国国憲按」を起草し、後世に高く評価される。明治二十三年（一八九〇）の帝国議会開設に際しては高知県選出の衆議院議員に当選するも二年後に急死。

新島襄

天保十四年（一八四三）、上州（現在の群馬県）安中藩士の子として江戸藩邸内で生まれる。幕府軍艦操練所で洋学を学ぶなか、キリスト教、米国に関心を寄せる。元治元年（一八六四）、函館から密航し米国ボストンに滞在。アーモスト大学を卒業し、日本人初の学士となる。岩倉使節団として米国訪問した木戸孝允の通訳となり、欧州に同行。帰国して、明治八年（一八七五）に京都に同志社英学校を創立。志半ばで四十六歳の生涯を神奈川の大磯で閉じる。

天皇の軍隊

半藤　こうしてみると、たしかにたいへんな時代ではありました。各藩の寄せ集め部隊を解体し、徴兵制をいきなり導入する。それを天皇の軍隊に編制するためには十年にもおよぶ積み重ねを必要とした。それでも満足な軍隊がなかなかできなくて苦労した。それで教育だ、教育だ、ってんで一生懸命教え込むんですよ。天皇のために死ぬことを潔しと心得よ、とね。そして天皇のために潔く死んだ将兵のために靖国神社がつくられる。さらに、さっき言われたとおり、日清、日露戦争で数多くの英雄物語が語られて、乃木希典、東郷平八郎など幾人もの軍神を生み出しました。それらの物語はみな、天皇のため、国のため命を投げ出すことの〝尊さ〟を表しています。新聞や雑誌、こどものメンコにまでそれは登場していきました。

保阪　その成果が昭和に出て来る。天皇の軍隊としてより純化していくんです。二・二六事件（昭和十一年の陸軍皇道派による政府転覆未遂事件）に加わった青年将校には、そのひとつの典型を見ることができます。叛乱軍のリーダーであった磯部浅一（陸軍一等主計から免官）の獄中日記、とりわけ天皇に対する凄まじい呪いの言葉を読むと、純化どころかそこを突き抜けて、半ば精神世界に身を置いたとしか思えない。確かに異常な側面がある。かくあってほしい天皇像と現実との乖離に身悶えする姿がそこにあった。

半藤　奇しくもいま〝異常〟とおっしゃいましたが、戦況の悪化が極まった太平洋戦争末期になると、異常な純化、それは宗教ともいえる純化が官民軍を問わず幅広く及んでいく。

保阪　ええ。『戦陣訓』に記された、「敵の捕虜になるな、死ぬまで戦え」という考え方は銃後の国民にも強く要求されました。天皇のために死ぬという一点だけで、考えることを放棄するようになるわけですね。そのことだけを貫けばいい、ということになっていく。沖縄戦では、女学生や少年までもが兵士としての務めを要求された。また、敵に追いつめられて窮しても投降はゆるされず、多くの島民が集団自殺に追い込まれています。太平洋戦争の末期、戦争指導者は正常な感覚を失って「一億総特攻」を叫びました。

半藤　司馬遼太郎さんが、天皇神様の陸軍のいわゆる皇道派の幹部連中が独自に、というか勝手につくった冊子『統帥参考』に言及しているので紹介します。これは陸軍大学の学生や参謀教育用につかわれた冊子です。

「『統帥参考』の冒頭の「統帥権」という章に、以下のように書かれている。

……之ヲ以テ、統帥権ノ本質ハ力ニシテ、其作用ハ超法規的ナリ。（原文は句読点および濁点なし。以下、同じ）

超法規とは、憲法以下のあらゆる法律とは無縁だ、ということなのである。ついで、一般の国務については憲法の規定によって国務大臣が最終責任を負う（当時の用語で輔弼《ほひつ》する）のに対して、統帥権はそうじゃない、という。「輔弼ノ範囲外ニ独立ス」と断定しているのである。

従テ統帥権ノ行使及其結果ニ関シテハ、議会ニ於テ責任ヲ負ハズ。議会ハ軍ノ統帥・指揮竝之《ならびにこれ》ガ結果ニ関シ、質問ヲ提起シ、弁明ヲ求メ、又ハ之ヲ批評シ、論難スルノ権利ヲ有セズ。

すさまじい断定というほかない」（『この国のかたち一』「機密の中の〝国家〟」より）

『統帥参考』の文面は、司馬さんご指摘のとおり、すさまじいばかりの独善でした。自分たちは「憲法とは無縁だ」と言い切っていたのですからね。

保阪　半藤さんが紹介されたとおり、『統帥参考』はもっぱら陸大（陸軍大学校）で参謀教育につかわれた教材です。とくに参謀本部作戦部には、陸軍のなかでも陸大を卒業した優秀な一団がつねに配属されていた。『統帥参考』の刷り込みよろしく、ここに配属されると独特の誇りと感覚をもつ参謀に変わるのです。そうさせたのは、天皇にもっとも近くにあって、その大権に直結しているという充足感。そして、統帥権は独立していて、政治の側からの一切の関わりを許さないという屈折した優越感でした。軍事主導国家を自分たちが名実ともに担っているという自負は、太平洋戦争がはじまるとますます強まりました。
半藤　近代日本は軍事国家への道を先に歩き出し、以来、軍事と政治との軋轢をずっと抱え続けた。政治主導で軍を統制するという近代国家、法治国家のあるべき姿をついに実現することができなかった。
近衛文麿は大正十年（一九二一）という早い段階で、統帥権によって将来軍部と政治が二元化しかねない危険性を説いています。敗戦時の総理大臣となる鈴木貫太郎さんは、侍従長のころにこの問題に取り組んでおかなければいけなかったと後悔の念を書き残している。このあとくわしくしゃべることになるかと思いますが、鈴木さん自身、問題の矢面に立つことが何度もあって苦労しているんです。いずれにしても、この問題は将来たいへんなことになると気づいた人は何人もいました。

近衛文麿
明治二十四年（一八九一）に旧五摂家の筆頭、近衛家の長男として生まれ、東京帝大哲学科と京都帝大で学ぶ。貴族院議員となり、国民的人気を得て昭和十二年（一九三七）六月に第一次近衛内閣を組閣。その翌月に盧溝橋事件勃発し、戦局は日中戦争へと拡大。戦後A級戦犯に指定され服毒自殺。

鈴木貫太郎
慶応三年（一八六八）生まれ。下総関宿藩藩士の子として生まれる。海軍兵学校を経て日清戦争に従軍。日露戦争で駆逐隊司令となり、日本海海戦で活躍。のち連合艦隊司令長官、海軍軍令部長、侍従長、首相を歴任。昭和の戦争を終わらせた。

保阪　『統帥参考』の考え方に全能感を植え付けられた陸軍エリートたちが、昭和前期の日本をとんでもない道に引きずり込んだというのは一面にすぎません。もともと統帥権の成り立ちがこの国をまちがった道に進めたということですね。

半藤　ええ、まさにそういうことです。その理解のために、ここから政治と軍事とのあいだで起きた、際どいツバ競り合いをいくつか具体的に紹介しておきます。

明治期の、軍部と政治のツバ競り合い

半藤　一回は、日露戦争後の明治三十八年（一九〇五）十二月の出来事です。伊藤博文が韓国統監府の初代統監として現地におもむくことになりました。

保阪　日露戦争で日本の占領下にあった大韓帝国（一八九七年成立）が、伊藤博文特派大使の恫喝に屈して、外交権を日本側に委ねる条約に調印。そして交渉を主導した伊藤が初代韓国統監府統監に就く、といった経緯でしたね。

半藤　じつは日露戦争の勝利はもっぱら山県閥の軍人によって戦われたために、その勝利は山県閥の比重を高めて、伊藤・山県間の勢力バランスが山県のほうに傾いた。伊藤の韓国赴任は、じっさいは中央から追い出されたようなものだったんです。もちろん伊藤はそのことをわかっている。憤懣やるかたない伊藤は「統監に軍隊指揮権を与えよ」と要求した。朝鮮には反日気運が渦巻いていたから、ことが起きたときには、朝鮮駐箚《ちゅうさつ》軍をつかうというこ

とをわたしに一任してくれないか、というわけです。これに対して山県は、「文官である統監に軍隊指揮権を与えることは統帥権の侵害だ」として突っぱねるのですが、伊藤は「軍隊指揮権を与えなければ統監就任は引き受けられない」と譲らなかった。

保阪　黙っていたら、山県を頂点に戴く軍部の権限がもっと拡大すると、伊藤は見ていたのでしょうね。想像するに伊藤に信頼感をもつ明治天皇の支持もあったのでしょうね。

半藤　そうなんです。伊藤がこれほど強く主張したのは、軍部の、政治への介入の危険を察知していたからだと思います。で、どうなったのか。このとき大山巌参謀総長と寺内正毅陸軍大臣が仲に入って山県を説得するんです。しかし山県はきかない。仕方がないので伊藤が明治天皇に訴えて、年をまたいで明治三十九年（一九〇六）一月十四日、天皇の詔勅・訓令によって伊藤に兵力使用の権限が付されることになりました。これが逆に、陸軍の中堅参謀たちに、文官が統帥問題にクビを突っ込むことへのアレルギーを呼び起こすことにもなったのですがね。

保阪　軍事の大権を統監に付与したのは、そのときだけでしたか？

半藤　韓国統監は、二代目の曾禰荒助も文官（貴族院勅選議員・枢密顧問官）でしたが、反日気運が鎮まることもなかったため権限は変えていません（三代目は陸軍大将寺内正毅）。その後、韓国併合によって明治四十三年（一九一〇）十月から日本が朝鮮のすべてを統治することになり、駐留軍の指揮権はひきつづきトップである朝鮮総督府の総督に与えられることになる。けれども朝鮮総督府総督の椅子は陸海軍の大将ポストと定まって、最後まで文官に与えられることはありませんでした。

ともかく伊藤のときが、政治と軍部が統帥権をめぐってやりあった一回目の事件です。勝ち負けを言うなら、このときはかろうじて政治に軍配が上がった。

保阪　大山巌も寺内正毅も、天皇から「元勲優遇」の詔書を得た元老会議のメンバーですよね。伊藤博文、山県有朋、黒田清隆、井上馨、西郷従道もそう。みんな維新の功労者である薩長出身者でした。朝鮮駐箚軍の指揮権問題でもめたり、水面下ではいろんな反目もあったろうけれど、それでもお仲間ではありますから、なんらかの軋轢が生じても、元勲どうしの話し合いで解決できていたと見ることができます。

半藤　結論的にはそういうことだと思います。そして、もういっぺんは大正元年（一九一二）。このときは公家出身で薩長軍閥に属さない西園寺公望が首相をつとめていました。西園寺は日露戦争後の疲弊した財政を建て直すために、陸軍が出してきた朝鮮への二個師団造設の要求を拒否するんです。これに怒った上原勇作陸軍大臣が辞職してしまう。さらに陸軍は、後任の陸相をガンとして出さない。当時、陸海軍大臣は、現役の軍人から出すことが制度化されていましたから（軍部大臣現役武官制）、たとえば首相が兼任するなどということもできない。陸軍が大臣を出さない限り、内閣が成立しない。

保阪　ようするにこれは、軍部がダダをこねれば内閣をつぶすことができるという、軍部にとってまことに都合のいい制度でした。

半藤　ええ。これでけっきょく西園寺は辞任に追い込まれてしまいました。軍部が政治を押し出して一矢を報いた恰好となりました。ところが、薩長藩閥によるこうした強引な手法は激しい反発を招いて、憲法に則って議会が主導する政治であるべきだと主張する、いわゆる第一次護憲運動が勢いづいた。西園寺のあとを継いだ、陸軍の山県有朋の右腕である桂太郎内閣がたちまちのうちに倒れます。そのあとの山本権兵衛内閣、これは薩摩閥の海軍ですが、こんな制度はイカンと、混乱の原因となった軍部大臣現役武官制を撤廃するんです。まあ、そんなわけで昭和になるまでは、かろうじて軍事と政治の、とりかえしのつかないようなレベルの激突だけは免れてきた。

政争に利用された統帥権

半藤　統帥権を振りかざして政治を押しやろうとしたのはなにも陸軍ばかりではありませんで、海軍も負けず劣らずやっております。

昭和五年（一九三〇）三月にロンドンで開かれた海軍軍縮会議。全権大使は元首相の若槻礼次郎です。この人は、もとは大蔵官僚。三菱のビジネスマンから政界に出てきた加藤高明ひきいる内閣の、つぎの内閣を担った人物でした。元首相の全権大使若槻はロンドン軍縮会議でアメリカが提案していた最終案に妥協するかどうかを問うため、東京に電報を送った。政府が全権団に回答した訓令は、「対米補助艦は七割」を要求するというものでした。

保阪　米英は当初、日本の保有量は対米六割という主張でしたね。

半藤　そうです。それがすったもんだの交渉の末、ついにアメリカから「六割九分七厘五毛」という最終的妥協案が提案された。

保阪　わずかに足りないが、ほぼ要求を確保したと言うべきです。その違いは〇・二五パーセントですからね。

半藤　若槻の電報を受けた海軍省はこれで協定を結ぼうとするのですが、海軍軍令部（総帥部）が承知しない。軍令部のトップ、軍令部長加藤寛治大将と次長の末次信正中将が七割海軍に固執して、首相浜口雄幸に断固反対を主張するんです。ロンドン会議の決裂を避けたい海軍省側は軍令部を必死で説得して、ようやく政府の結論に従うことで結論としました。

浜口首相はこれを受けて政府案をまとめたあと、参内して天皇に拝謁。天皇もまた国際協調路線を支持していることをたしかめて、調印する方針を決定します。閣議決定して裁可をする段取りとなりました。ところが、加藤寛治軍令部長はその前に天皇に拝謁して、断固反対を上奏したいと侍従長の鈴木貫太郎に願い出た。しかし貫太郎さんは加藤を諄々とさとして、これを思い止まらせるんです。これで海軍軍令部の政治介入はおさまった。

保阪　鈴木貫太郎はその前年まで軍令部長の座にありましたから、加藤にとっては先輩。鈴木のバックアップが利いてロンドン条約は無事調印されることになりました。実はこのことは海軍内部でも一定のバランス感覚が働いていたということです。

半藤　ところが、問題はこのあとに起きる。調印直後の議会で、野党政友会の犬養毅、鳩山一郎らが、政府に向かって浜口内閣のやったことは統帥権干犯であると糾弾した。そもそも兵力量の決定は統帥事項なのに浜口内閣が決定したことは統帥権をないがしろにしたものだと息巻いた。今度は海軍軍令部ではなく、野党が、倒閣のために統帥権を政治利用するんです。

保阪　政友会が統帥問題をとりあげた裏には軍令部との裏交渉、了解がありました。議会での統帥権干犯論争に呼応して、海軍の強硬派や右翼にくすぶっていた憤懣が一挙に吹き出した恰好となりました。このとき右翼の思想的リーダーだった北一輝も、おおいに焚きつけたひとりです。

半藤　海軍はこれで対英米協調の「条約派」と反英米の「艦隊派」とに、まっぷたつに割れてしまう。

保阪　分裂のみならず、これ以降、下剋上の気運が広く軍部に巣くうことにもなりましたね。司馬遼太郎さん流に言うなら統帥権は、政治をかき回す魔法の杖になっていく。

半藤　その司馬遼太郎さんは統帥権についてこう言っていました。

「明治憲法はいまの憲法と同様、明快に三権（立法、行政、司法）分立の憲法だったのに、昭和になってから変質した。統帥権がしだいに独立しはじめ、ついには三権の上に立ち、一種の万能性を帯びはじめた。統帥権の番人は参謀本部で、事実上かれらの参謀たち（天皇の幕僚）はそれを自分たちが〝所有〟していると信じていた。

ついでながら憲法上、天皇に国政や統帥の執行責任はない。となれば、参謀本部の権能は無限に近くなり、どういう〝愛国的な〟対外行動でもやれることになる」（『この国のかた

ち二』「〝統帥権〟の無限性」より）

そしてもうひとつの魔法の杖が帷幄上奏権です。これについては、昭和十二年（一九三七）七月七日に起きた盧溝橋事件を発端とする一連の経緯を例にあげ、語ることにします。

参謀本部の帷幄上奏叶わず

半藤　はじまりは北京郊外のちょっとした武力衝突であったのが、上海にまで飛び火し戦争状態になります。しかしながら対ソ戦に備えて軍備を温存しておく必要もあったことから、紛争を長引かせたくない陸軍参謀本部は、十一月になると中国駐在のドイツ大使、トラウトマンの仲介による和平交渉をはじめます。日本政府はトラウトマンの和平斡旋案を受け入れて、中国側も受け入れるかもしれない条件を提示することになる。さあ、本格的に交渉をはじめようというときに、陸軍現地軍の悪いクセで、講和がまとまるその前に領土を少しでも大きく取れるだけ取っちゃおうとなった。

保阪　大事な局面で余計なことをやるんですね。これが悪弊です。その年の十二月、中国国民党政府の首都だった南京にまで進撃して占領してしまう。首都を落とせば勝利だという古典的な戦争観にとらわれていたのでしょうけれど。

半藤　それで和平条件をダーンと厳しく引き上げて、日本政府は期限つきの回答を蒋介石に突きつけたんです。和平条件どころか降伏条件のような内容に変えたものだからトラウトマンがおったまげて、これでは交渉できないと難色を示した。じっさい蔣介石は、このとき病気で床についていた。期限を過ぎてもなかなか返事ができなかった。それで年をまたいで昭和十三年(一九三八)一月十三日になって、回答を寄越すのですが、その内容は日本の条件についてもっと詳細な内容が知りたい、というものでした。

蔣介石
明治二十年(一八八七)生まれ。日本に留学し日本陸軍に勤務した経験をもつ。帰国後辛亥革命に参加して国民党に入党。孫文亡き後国民党を主導した。中国各地に展開する軍閥と対立し、内戦を経て中華民国を支配することとなるも、日本と戦うことに。日本が連合軍に降伏したのち、共産党軍に敗れ、台湾に逃れて中華民国政府を置く。昭和五十年(一九七五)没。

保阪　これに日本政府は態度を硬化させてしまう。翌十四日に開かれた閣議で、あろうことか、外交交渉するべき外相の広田弘毅が「中国側に誠意なし。よってこれを拒否する」と発言して陸軍参謀本部を慌てさせる。参謀本部はこのとき、次長の多田駿を筆頭に、戦争不拡大派が多数を占めていました。特に作戦部の戦争指導班の将校はこの方針で固まっていた。実はこの将校の中には、秩父宮殿下もいたのです。半藤さんが指摘されたとおり、かれらは対ソ戦重視の戦略をもっていたからです。

半藤　ところが広田外相は、南京政府の回答は単なる遅延策だから、交渉を続けても妥結の見込みなどないと言って強硬に突っぱねてしまう。広田のみならず首相の近衛文麿も、海軍大臣の米内光政もまことに強硬でした。

保阪　米内海軍大臣は多田参謀次長が譲ろうとしないのを見て、内閣総辞職までほのめかして押し切ろうとしました。

半藤　けっきょく多田は涙をのんで引き下がらざるを得なくなった。

保阪　多田駿は、じっさい涙を流して訴えたそうですよ。ソ連と戦うべき軍隊が中国内部の深くに入り込んで消耗してはいかんと。

半藤　ですから、この閣議後も参謀本部はまだ諦め切れない。なにか巧い手はないか、と考えた。それが帷幄上奏権。首相の近衛より先に、閑院宮（載仁《ことひと》）参謀総長が参内して、参謀本部の真意を上奏してしまおうというのです。ここで講和会議のテーブルについたほうがよいと、陛下に納得していただこうというわけです。しかし一足遅く、帷幄上奏権をつかった日中の戦争終結への道がなくなりました。

そして翌日十六日、「国民政府を対手とせず」という近衛首相の声明が出されて、日中関係はもはや話し合いの余地がなくなった。ここから、泥沼の日中戦争を解決する道が見えなくなってしまいました。

閑院宮載仁
慶応元年（一八六五）京都生まれ。陸軍参謀総長。昭和二十年（一九四五）、終戦前に死去。

保阪　近衛は、のちのちまでこの声明を出したことを後悔していたと言われています。いずれにしても統帥権と帷幄上奏権は、政治と軍部、与党と野党、軍部の内部抗争といった具合に、その時々によって異なる対立の構図のなかで利用され続け、多くが悪い方に転がるテコになりました。
日本海軍の良識派と言われていた前述の長谷川清元大将ですが戦後になって、統帥権について こう語っているんです。

「日本の統帥部は統帥権を濫用した。統帥部が作戦用兵上の見地から国防所要兵力を立案し、帷幄上奏して御裁下を仰ぎ、これを政府に移すのであるが、これが実行となって予算を編成することになると大変なことだ。軍部大臣が事前に統帥部の立案に関与しないという法はない。軍部大臣は統帥部長より上でなければならない」（『帝国海軍　提督たちの遺稿　小柳資料』）

統帥と政治が二元化すること、さらに統帥が政治を飛び越えることの弊害の数々を間近に見てきたひとならではの証言です。こうも言っている。

「明治憲法は、維新中興の際にはあれでよかったのであろうが、世界の情勢の変化に伴い、いつまでもあのままではいけなかったのであろう。さればと云って憲法改正を企てるような卓見達識な大政治家もいなかった」（右に同じ）

長谷川は政治の貧困にも言及していました。じっさい政治は統帥の下請けになっていたんです。

半藤　言ってみれば、敗戦までの昭和は、このように政治と軍事との衝突の歴史でもある。かならずしも政治がいつもへこまされていたわけではないし、政治も軍部の対立を都合よく利用していた。

保阪　太平洋戦争開戦は、大本営政府連絡会議において決定されました。それを御前会議が追認するという手続きをとってはおりますがね。

大本営政府連絡会議という機関は、その権限について憲法上なにも明文化されていないのにもかかわらず、まことに重大な国策を実質的に決定していました。だからこの決定プロセスは憲法違反だったと言えますね。ぼくはこのことを強く言いたい。憲法における軍事の規定が脆弱だったこともまた、昭和史をあらぬ方向に導いた。自衛隊を、もし安易に国防軍にしたら、ふたたびまた国の行方を間違った方向に向かわせることになりかねないとぼくは危惧しています。

現憲法の歯止め

保阪　勘違いしてもらったら困るのは、いまの憲法下において自衛隊は軍隊ではないんです。軍法会議はもっていない、統帥権もない、独断専行はできない。装備などは軍そのものですが、こうした点が歯止めになっている。大事なことなんです。

半藤　ほんとうに大事なことです。なにしろ勝手なことは一切できません。なにかあったら裁判にかけられる。自衛隊の部隊長は、旧陸軍の将官、牟田口廉也のように独断専行で勝手に「突撃イ！」……てな命令は出せないんです。

牟田口廉也
明治二十一年（一八八八）佐賀県生まれ。陸軍幼年学校、陸軍大学校卒。盧溝橋事件のときの、支那駐屯歩兵第一連隊の連隊長。昭和十九年（一九四四）には補給を無視した山岳地帯越えのインパール作戦（ビルマからインドへ進軍）を強行。三万人近い日本軍戦死者、三万余の戦傷病者を出した（正確な戦死傷者数はいまもって不明のまま）。昭和四十一年（一九六六）、七十七歳で没。

保阪　ところが国防軍という名の軍隊にしてしまったら、軍機能をぜんぶそろえることになる。いまの憲法下でやったら憲法違反になるようなことを、です。安倍さんは自衛隊を「我が軍」とさえ発言しています（平成二十七年三月二十日参院予算委員会）。

半藤　自民党の改正草案なんてまことにいい加減で、「自衛隊は国防軍とする」としか書いてないんですよ。アンタがた、いったいどういう国防軍にするのかいな、と聞きたくなる。自民党は「軍隊による安全」ばかりをいって、国民を煽っていますが、国民は騙されてはいかんのです。「軍隊からの安全」ということも、生活の安全のためによく考えなければいけないのです。

保阪　ホントです。いまの憲法は非軍事憲法だと冒頭に申し上げましたが、たとえ自衛隊がどれだけ膨張しようとも、いまの憲法なら国家を〝兵舎〟にはできません。その可能性はぜんぶ削ぎ落しています。かつて、総力戦の名のもとに国家をまるごと〝兵舎〟にしたことを思えば、そこは非常に安心できる。

半藤　この国は、男も女も中学生以上を軍需工場に集めて強制的にはたらかせました。しかもその工場は米軍による攻撃の標的ですから狙い撃ちをされた。多数の死傷者を出しました。そんなこと当局は十二分に分かっていて中学生を動員したんです。そして日本中の大小の都市がほとんど焼野原となった。戦う力はまったくなくなっていた。けっきょく惨憺たる状態であの戦争に負けた。だからこそ日本人は、もう戦争はしないと決めたんです。

保阪　敗戦直後はともかく、東西冷戦が厳しくなったころから、軍事問題を持ち出すと憲法問題になるという傾向が強くなりました。かつて戦前においては、軍縮の必要性がもちあがると、統帥権を侵しているとか、天皇大権に触れると言っては大論争になった。いま安全保障問題を論じると憲法問題をもちだされる。「だから憲法改正しなければダメだ」と。日本人はこの問題に、いまだに答えを見いだせません。

半藤　やたらと懐かしがられる明治時代も、じつは軍事と政治の調和を日本人はなし得なかった。統御がうまくできなかった。軍事というのは非常に難しい扱いづらいものでした。この先また統帥権を独立させるのか、しないのか。シビリアンコントロールがうまくできるのか。自民党の憲法改正草案によれば、内閣総理大臣を国防軍の最高司令官とする、とありましたがね。忙しくて不勉強の総理が軍隊を指揮できるんですかね。

保阪　文民統制の原則から言えばそうなるのでしょうけれど。いずれにしても、憲法改正を論じるなら、やっぱり武力装置は憲法の下に置いておくべきだということを、我われはいつも確認しておかなくてはいけないと思います。

半藤　日本国憲法においては、実力組織は完全に憲法の下にあります。自衛隊は刑法と民法のもとにあって勝手なことはできません。つまり軍隊の独断専行をいまの自衛隊は行使できない。何度でも言いますが、それを国防軍にするというのはたいへんなことなんです。軍事がふたたび政治の上に行ってしまいかねない。統帥権の問題一つを考えても、まことに複雑で簡単にすますことはできない。憲法九条を変えたいというのならそこを真剣に考えていただきたい。大日本帝国憲法と、天皇直属の統帥権を戴く軍隊・軍事との関係がどのようなものであったのか。どうも、それを勉強しているひとはあまり多くはないようですから。

保阪　ぼくは昭和史を勉強するなかで軍事を学びましたけど、防衛大学の関係者や防衛研究所の人たちと話していると、半藤さんがご指摘になった点については興味を持つような人は少ないような印象をしばしば受けました。かれらにとってはメインのテーマじゃないということですかね、残念ながら。

第三話　戦後と軍事と自民党

明治憲法の問題点

保阪　昭和八年（一九三三）の滝川事件について、当時京都帝大に在籍していた人から興味深い話を聞いたことがあるんです。じつはこの滝川事件には、前段があったという。刑法学の滝川幸辰教授が大学の刑法の試験で、天皇が、たとえば行幸などのときにゆえなく臣民に暴行をくわえたら、これは犯罪として成立するか、仮に成立したらどんな罪に問われることになるのか、という問題を出したことがあるというのです。そういう事態が起きることは、可能性としてはあり得ないけれど、学問上は考えるべきなんでしょうね。

滝川事件

京都帝国大学法学部、滝川幸辰教授の刑法の著書が危険思想だとして発禁処分を受け、京大総長は鳩山一郎文部大臣から滝川教授の罷免を要求された。このことに反発した京大の教授陣が大量に辞表を提出する事態に発展。さらに学生や他大学へ支援運動がひろがったことで事件が拡大した。政府の締め付けが、共産党や労働運動だけでなく、リベラル派の知識人にまで拡大した象徴的な事件。

半藤　まあ、そうですね。ただ、憲法学的にいえば、国家は天皇が統治するのですから、天皇が民をポカッとなぐったところで……。

保阪　もちろん傷害罪にはならないでしょうけれど、そういう問題を出したこと自体、不敬きわまりないという風評が立っていたというのが、滝川事件の導火線としてあったと、ぼくは聞いたのですが……。

半藤　第三条の神聖不可侵条項がありますからね。そもそも、そういうことを想定することが不敬だ、危険思想だとみなされたのかもしれません。いわんや昭和十年（一九三五）の天皇機関説事件以降は批判などあり得ないのだけれど、それでも、明治二十二年（一八八九）からその昭和七、八年（一九三二、三三）頃まで、かなりの時間はあったのですから、明治憲法に関する研究や論考などがあまりにも少ないことは、少々残念な気がします。

保阪　終戦直後の幣原喜重郎内閣で、司法大臣をやった岩田宙造という人がいます。その後、日本弁護士連合会の会長になった人でもありますが、ぼくはかれの考え方に興味があって本を読んだり調べたりしています。これは岩田の持論なのですが、大日本帝国憲法における基本的な矛盾は、元首にして統治権の総覧者たる天皇に関して、法的な責任はすべて免罪になっている点である、と。

半藤　いわゆる君主無答責ですね。

保阪　ええ。たとえば滝川幸辰教授が試験に問うたように、天皇が正気を失って、まっとうでないことを考えて勅令にして出した場合、それは有効性をもつのかと。そういう吟味のしかたが、戦前はされませんでした。勅令（法令）には担当大臣の副署が必要なので、内閣と無関係にそのようなものが出てくることはありえないと考えられます、常識的には。暗黙のうちにそういうことはないということにしていたわけですが、しかし危ないケースはあると、岩田は指摘していることになる。言われてみれば、いま現在もなお、明治憲法の問題性について体系立てて解説してくれる本があまりないように思います。

半藤　いずれにしても、明治憲法は立派な憲法ではなかったということを、わたしたちはしっかり認識する必要があります。あれにくらべたら戦後の日本国憲法は非常によくできているとおもいますよ。

保阪　明治憲法よりははるかによくできている。

半藤　どうやらそう思わない人も少なくないらしいけどね。

保阪　ぼくは象徴天皇制の擁護者ですし今上天皇にはシンパシーをもっています。しかしそれがだれであれ、天皇が責務として自らに課すこと、もっとも大切にすることは何かと言えば、百二十五代つづいた皇統を守ることです。よく講演会などで、天皇は平和主義者か好戦主義者か、といった質問を受けることがあるのですが、それは質問自体が間違っている。天皇はそのどちらでもなく、皇統を守ることが第一の責務であり、目的なのです。戦争か非戦かというのはそのための手段と考えていたのだと思います。皇統を守りこの国が存立していくために、かつて軍事指導者たちは戦争という道を選ぶべきだと天皇に説いた。昭和天皇もそれを受け入れて戦争の道に進んだけれど、まもなくこの道を選んで敗れれば皇統が絶える道だと気づいた。昭和天皇はその選択を痛いほど悔いた天皇でした。それがいまの天皇の思いにもつながっています。今上天皇は、戦争を手段として選ぶことへの警戒心を強くもっていると思う。

もし国家が「専守防衛」というような言葉で、何パーセントかの戦争の可能性を保留しておかなければいけないとするならば、そこで天皇制と憲法とは相容れないものとなる。現行憲法の改正をするなら、そして平和憲法に近づけようとするならば、天皇条項はより文化的な方向に持っていくべきだとぼくは思っています。

改憲論者がのぞむもの

保阪　戦後憲法を良く思わない人の意見のひとつとしてあげられるのが、たとえば東大名誉教授で天皇の生前退位の有識者会議でヒアリングに応じた平川祐弘氏の主張です。かれは、天皇は追悼慰霊なんかしなくていい、じっとしていてくださいと言って憚らない。天皇の仕事の第一は「祭事」であるから祈っていただければそれでよし、と。つまり旧憲法における天皇のような存在に置いておきたいのでしょう。

平川祐弘
昭和六年（一九三一）東京生まれ。東大卒、東大教授。比較文化論。小泉八雲研究。

半藤　どうもそのようですね。

保阪　しかし天皇の歴史のなかで、それは大日本帝国下のわずかな期間でしかない。けっきょく自分たちの思う天皇であってほしいということになると思う。もし望む天皇像とちがうのであれば、そんな天皇はいらない、とまで言い出しそうな論理を抱えている。
半藤　いらないとまで？
保阪　ホントにそこまで思っているかはべつとして、そこに通じるような主張ではないかと思います。
半藤　しかし、かれを中心とする人たちは天皇を元首にしたいのでしょう？
保阪　そう、元首にしたい。つまり、利用できる存在にしたいということではないかと勘ぐりたくなりますね。大日本帝国で、軍部が天皇の名を利用したように、再びそうしたいということではないかと。
半藤　では、天皇を利用して、いったいなにをするつもりなんですか？
保阪　天皇を利用して国民の反対の声を封殺したい。つまり、ある種の独裁というものを実現したいということかなと思うけれど。
いまの憲法下においては、「天皇の国事に関するすべての行為には、内閣の助言と承認を必要とし、内閣が、その責任を負う」と規定されています。安倍内閣とそのとりまきは、天皇の上に立って、わたしたちの言うとおりにやれ、と言わんばかり。それがいまの内閣の動きだとぼくは思う。こういうところに安倍内閣のいわば「不敬」が見てとれる。
半藤　少なくともあの人たちは、いまみんなの意見がバラバラで、これは国にとってよくないことであると思っているのでしょう。「国民一丸となって天皇の命令一下、日清・日露戦争という国難に当たって、そして勝って、世界に冠たる国家をつくった。あの時代が理想だ」と。そんな国家であるべきだと信じているのではないですか。司馬さんの言葉を借りれば「坂の上の雲」を求めた、あの時代に戻したいと考えているのかもしれません。

保阪　直接的にはそういう言い方はしないでしょうけれど、天皇を元首にし、いずれ軍の大元帥にしてかつての栄光をとりもどしたいと、そう思っている可能性はあります。その証拠は、安倍首相やその同調者などは「大東亜戦争」を肯定しているじゃありませんか。侵略戦争であったとは言わないし、アジア解放のために日本が尽力した戦争であると考えています。国際関係上、形式的に先の戦争への反省ということばを使ったりしますが、本音はそうではない。謝罪はもう終わりにしようということを折にふれて言っている。つまりかれらは戦前の国家観を否定したくない、むしろ肯定したいと匂わせている。あの時代がどういうものだったのか、知ろうともしないでそう考えているのではないか。そうぼくは見ています。とは言いつつ安倍首相の考え方のなかには、なにがしかの天皇論も憲法論もないのではないかと思うのですが、その点はどうですか。

戦争国家体制四条件と共謀罪

半藤　安倍首相にはないかもしれません。しかし、とりまきにはあるのではないですか。〝一丸〟となれた明治時代の憲法にくらべて、いまの憲法はなっておらん、というような感じで。

保阪　個人の自由なんかどうでもいい、とね。

半藤　基本的人権がどうした、と。

保阪　そういうことだと思います。人権・民権より国権を優先するべきと考える人たちが一定程度存在しているということは、新憲法を教える教育が失敗したということかもしれません。その典型的な失敗例が安倍政権になる。憲法の精神の理解が皮相的すぎると思う。安倍内閣は必死で国難をつくろうとしています。国難をつくって全国民一丸となる。そのために邪魔になるのが、思想や表現の自由と基本的人権。そういうことなのだと思います。

半藤　そういうことなのでしょうね。むこうからは「なにを言うか、そんなことは言っていないぞ」と文句を言われそうですが、とにかく戦争ができる国家にしたい、それははっきりと言っています。

保阪　いわゆる「普通の国」ですね。

半藤　戦争国家体制というものがあるとすれば、そこには四つの条件があると思います。まず第一に、軍事情報が洩れないこと。そのために昔は軍機保護法（昭和十二年施行）、国防保安法（昭和十六年施行）、臨時郵便取締令（昭和十六年施行）があった。現在は特定秘密保護法（特定秘密の保護に関する法律／平成二十五年十二月十三日公布、翌年十二月十日施行）というのをつくっています。第二に、資源や労力のすべてを動員できること。これが昔の国家総動員法です。いまはまだ、これに当たるものはできていません。でもいまに狙って来るでしょう。たぶん憲法改正の過程で目立たぬように忍び込ませてくる。緊急事態条項のなかに巧みに入れてくる可能性が多大にあります。第三に、戦争反対を唱える保阪とか半藤みたいな輩を引っ張ることができるようにすること。昔の治安維持法ですが、これはむりやり成立させた共謀罪でまかなえます。第四に、メディアを統制すること。言論の自由をあからさまに弾圧すると面倒くさいことになるから、これも共謀罪のなかに密かに入れこんでいます。

共謀罪の怖さについてメディアの人はあんまり気がついていないのですけどね、わたしに言わせると、言論の自由がこれによってそうとう危なくなる。わたし、アタマにきたもんだから二七七項目、全部読んだんですよ。しかも丁寧にね。

「保安林の木やキノコやタケノコを採って売れば、テロ組織の資金源となるから、これは共謀罪の対象になる」などと金田勝年法務大臣（当時）が答えてちょっとした騒ぎになりましたが、わたしに言わせりゃ、あんなものはどうでもいい。わたしが非常に問題だと思っているのはこういうケースです。たとえば、沖縄の辺野古基地で反対住民の会合があったとします。その場に新聞記者が足を運んで取材する場合、これはへたすると共謀になるんですよ。

保阪　取材すること自体が？

半藤　そうです。新聞記者個人をつかまえることができる。つまり取材の名を借りて反対闘争に知恵を授けていると。個人撃破という手法。言論の自由を取り締まるときに、この個人撃破がいちばん有効なんです。これで三人ぐらい引っ張ると、いかな朝日新聞でも、東京新聞でも、もう尻込みしますよ。この二七七規定によってどういうことが起きるのかと考え考え読むと、これに似たケースがいくつも思い浮かぶ。

保阪　「準備行為」と思われることをすると、それだけで処罰されることになったのも恐ろしい話です。桜並木の下を「ビールと弁当をもっていたらお花見」で、「地図や双眼鏡をもっていたら」それだけで「準備行為」にあたる場合があると、法案審議の国会で当の法務大臣が例にあげていました。

半藤　テロ対策なんだからしかたないと言うひとが少なからずいますが、テロ対策でもなんでもないようなことまで入っている。この対談だって、反政府言論でこの場にいる全員共謀罪かも知れないんですよ。我われがやられてもたいしたことはないけれど、これを新聞記者がやられたらねえ……。

保阪　報道しただけで、その運動に加担したことになるのでしょうか?

半藤　なるんです。だいたい「報道の自由」というのが曖昧模糊なんですから。

保阪　一般の人には関わりない、という言い方も不思議な論理です。一般の人がデモに参加したら、その瞬間にそれこそ反政府行動で一般の人でなくなりますよね。テロ集団の一味にされてしまうかも知れません。

半藤　共謀罪なんかわざわざつくらなくたって、これもあれも現行の法律で取り締まれるじゃないかと思いましてね。ですからわたし、こいつはきちんと調べ上げなくてはいけないぞ、と思っていたんです。そうしましたら、わたしがやる前に、この作業を朝日新聞が徹底的にやってくれました。掲載は五月三十一日の朝刊です。全二七七項目について、すでにある法律で取り締まることができるという対照表を朝日新聞がじつに丁寧につくってくれた。わたしみたいな酔狂なヤツがいて、いちいち調べた。世の中、まだ捨てたもんじゃないや、と思いましたよ（笑）。

保阪　さしあたり、ぼくらがひっかかるのはどこでしょう？　言論に生きている人たちが引っかかりそうなのは。

半藤　どれもこれも、やろうと思えばすぐに引っかかります。

保阪　政府は、国際組織犯罪防止条約（国際的な組織犯罪の防止に関する国際連合条約。略称「TOC」）を締結するために必須の立法だ、などとウソまでついて強引にとおしましたね。

半藤　あれはとんでもないウソでした。ほかでもない国連の特別報告者が、日本政府が出している法案の「共謀罪」にはプライバシーや表現の自由を制約するおそれがあると指摘して、首相あてに質問状を送ってきたというのになにも返答しない。逆に開き直った菅官房長官は、「書簡の内容は不適切」と抗議文を国連に送ったらしい。記者会見などで質問されると「その指摘はまったくあたらない」と強弁するばかりで自分の発言の根拠も示さず、「共謀罪」の恣意的な運用はなされないとくり返すだけだった。わたしは心底呆れましたよ。

と、いうわけで、テロの実行に関連しそうな犯罪に対応している現行法。ちょっとだけ読み上げます。

爆発物取締罰則、海底電線等損壊行為処罰法、武器等製造法、銃刀法、ハイジャック防止法、火炎瓶処罰法、人質強要処罰法、サリン人身被害防止法、化学兵器禁止法、航空危険行為処罰法、生物兵器禁止法、建造物侵入罪、凶器準備集合罪、ウイルス作成罪、電磁的記録不正作出未遂罪、電子計算機損壊等業務妨害未遂罪、ドローン無許可飛行罪……。現行法にこんなにある。まだまだありますがね。
保阪　すでにテロの侵入を二重三重に縛っている。どんな動きでも捕捉できるようにしているんですね。
半藤　つまりこの国の対テロ治安対策は、法的には完璧でつけ加えるべきものはありません。これで取り締まって、それでもテロの上陸を防げなかったら、共謀罪なんかつくったって防げません。だから必要ないんです。まかり通ってしまったことは返すがえすも残念です。

共謀罪越しに見えるかつての景色

保阪　共謀罪によって健全な社会生活は著しく阻害され、社会が病理を抱え込むことになるのは間違いありません。なにしろ共謀罪で、起訴できるか否かの決定打になるのは自白なんです。この罪はその性質上、客観的な物証を入手することが難しいだけに、おのずと自白に依拠することになる。刑事の思惑、刑事が描いた図式どおりの自白に裏付けられた調書があれば起訴率が高まることになりますから。

起訴率が高まれば、その刑事はできる、有能だという評価になる。立件できない刑事は「真面目にやっているのか」というようなことを言われてしまう。言われないまでも本人がそう思ってしまう。競うことにもなる。けっきょく罪をつくる方向にいってしまうのです。

自白をとることが目的化した取り調べには、かならず拷問がつきまといます。不可避的にそうなんです。戦前の治安維持法がまさにそうで、しばしば拷問によって自白させることになりました。ふつうのひとにとって殴ったり蹴ったりという暴力行為には抵抗があるものですが、治安維持法下では残酷な拷問に走る刑事が、少なからずいたこともまた事実です。

半藤　昔とは時代がちがうと言う人がいますが、こんな法律をつくったら、いつだって取り締まりの刑事は起訴率を上げるために躍起になりますよ。共謀罪でいう「犯罪」は客観的なものでなく主観的に成立させることができるものばかりですから。

保阪　ひとたび暴走をはじめたら、弾圧機構というのはそういうふうに自己回転するものなんです。際限がなくなっていくことをぼくは憂える。社会的な病いを防ぐためにも、こういう法律をつくってはいけないんです。

後藤田正晴、鈴木俊一をはじめとするかつて内務省の官僚だった人たちに、大日本帝国下で内務省はどんな役割りをはたしていたのかを取材したことがありました。あるときぼくは、かれらが共通して口にする言い回しに気づいた。それは「わたしは地方局育ちだから」という言葉でした。内務省の地方局育ちは、出世するとゆくゆくは官選知事になる。つまり民政、国民の生活というのをよく知っていなくてはならない立場で、自分はそういう畑で育ってきた人間なんだ、ということなんです。しかしそれは裏を返せば、「警保局育ちで、特高警察をフルにつかって市民を弾圧した連中とは違う」という主張でもありました。つまり拷問は認めていないというアピールだったのです。

後藤田正晴

大正三年（一九一四）徳島県生まれ。東大を出て内務省入省。昭和十五年に徴兵され台湾に駐留。そのまま終戦を迎える。警察庁長官から衆議院議員、中曽根内閣で内閣官房長官。平成十七年（二〇〇五）没。

鈴木俊一

明治四十三（一九一〇）年山形県生まれ。東大を出て内務省入省。自治事務次官から内閣官房副長官。東京都副知事、首都高公団理事長など歴任し、東京都知事に当選。都知事を四期十六年つづける。平成二十二年（二〇一〇）没。

半藤　いっぽう内務省警保局出身の政治家は、ほとんどが右派だったのではないですか？

保阪　おっしゃるとおりです。かれらは国民がいつ共産主義者になるかわからない、反政府分子になるかわからないという妄想じみたことをしょっちゅう口にして、強権的な法律をやたらつくろうとした。戦後になってもまだ、多かれ少なかれ弾圧する側の病理にとりつかれていたのではないかと思います。

いまの人には信じられないような話でしょうけれど、戦時中に本当にあったことをひとつ紹介させてください。同志社大学のわたしの恩師、和田洋一教授（ドイツ文学・新聞学）は、新村猛（言語学。名古屋大学教授。父の新村出とともに『広辞苑』を編著）、中井正一（美学・京大講師。治安維持法で検挙。国立国会図書館副館長）、久野収（哲学・学習院大学教授）らといっしょに戦時下に細々とドイツ研究の小冊子、「土曜日」を刊行していました。和田さんは共産主義には批判的な立場のリベラリストでクリスチャンだったのですが、かれもまた治安維持法で昭和十八年（一九四三）に逮捕されてしまう。

取り調べの刑事は、「おまえは一日二十四時間のうち一分一秒でもいいから、共産主義はいいと思ったことがあるだろう」と聞いたのですって。自分は共産主義の思想には反対だと答えると、「そんなことはいい。一分一秒でもいいから思ったことがあるだろう」と、あまりにしつこく聞くので「一秒くらいならあるかもしれませんね」と答えると、待ってましたとばかりに「ほらみろ。お前は共産主義者だ」と言ったそうです。これが自白とされて起訴されてしまった。

半藤　呆れるほどの稚拙な誘導尋問ですが、じっさい起きたのでしょうねえ、ほかにもそういうことがたくさん。

保阪　ぼくは思想犯の取り調べにあたった元特高警察の刑事たちにも、昭和四十年代にずいぶん話を聞いておりまして、そのときの取材メモ（元警視庁刑事への取材）をもって来たのでそのまま紹介したいと思います。

「我われヒラ刑事もアカ（共産主義者）の見分け方などの教育を受けたんだが、そんなことよりも疑いのある団体の連中を引っぱってきて強引に調べればだいたいは我われの思いどおりに自白するよ。強引に調べればの意味？　あのころは拷問は当たり前。といってもふつうの刑事はそんなに殴ったり蹴ったりできないよ。どこかで自制する気持ちもあるからね。しかしそんなことまったくかまわずに、女性でも少年でも棒で殴る、道場に連れていって叩きつける、小道具をつかって痛めつける、細かくは言いたくないけどね。そして自白をとる。予審判事の覚えよくなるから、そんな刑事ほど有能でできるやつとなったね」

こういう、正常な感覚では理解できないようなことが起きていました。警察のなかにも病理現象が起こる。いまの社会も、共謀罪によって時をおかずそういう社会に変質してしまいますよ、とぼくは言いたい。

はじまっている監視と敵視

保阪　政府はメールやラインのやりとりで犯罪の計画に合意したかどうかを判断する場合もあると言っています。

半藤　元外交官で現在作家として活躍中の佐藤優さんが書いていたのですが、共謀罪っていうのは公権力に、メールを片っ端から徹底的に見る権利を与える、ということと同義なのですって。この野郎、と目をつけたとたんからそれが可能になる、と。

保阪　つまり封書を開封する権利ですよね。

半藤　もはやプライバシーなんか知ったこっちゃない、ということですな。

保阪　挑発者が出て来る、ということも深刻な問題だとぼくは思っています。たとえばここに現れただれかが、「安倍総理なんか物理的に倒さなくてはいけないですよ」などと言い、ぼくが黙って聞いていて否定しなかったとしたら、殺害を容認したということになりかねない。

半藤　しゃべっている現場に踏み込んで来ることは滅多にないかもしれませんが、メールはやられますね。メールでオッケーなんて書こうものならたちまち共謀の罪の証拠とされる。

保阪　今後は挑発としてのフィッシング・メールも、送られて来るようになるのじゃないかしら。

半藤　でっちあげが山ほど出てきます。

保阪　電話だって盗聴される。

半藤　どうやらセーフなのはファックスだけらしいですよ。わたしはめっぽう電子機器に弱いからホントかどうか知りませんがね。

保阪　だけど半藤さん、こういうことないですか。たとえばぼくがある会社のAという部署に送信しようと番号を打って送ると、キューーッとべつの番号に変わって送られちゃうということが。

半藤　そりゃ、番号の打ち間違いだよ。

保阪　そうかなあ……。そうそう、中央官庁の公務員がある新聞に投稿をしていました。だれかから監視されているような気配を感じていたところ、ある晩、ゴミを出しに行ったらクルマで待っていた何者かがわたしのゴミだけをもって帰った、と。そういうこともきっと日常化するのでしょう。

半藤　それはおおいにあり得ると思います。なによりおっかないのは昔の隣組ですよ。つまり身辺にいる者のなかから刺すヤツが出て来ることなんです。

『ヒトラーを支持したドイツ国民』（ロバート・ジェラテリー著／みすず書房刊）を読んで知ったのですが、ナチス政権下、かなりの数にのぼる市井の人びとが親衛隊の手先よろしく、仲間を刺していたことがわかっているそうです。共謀罪のおっかないのはまさにそれ。第二次世界大戦におけるドイツの戦争はヒトラーの戦争と思われているけれど、その実ドイツ国民の戦争だったと言っても過言ではない、とありました。

保阪　そういう時代に、ぼくたちもすでに足を踏み入れてしまった。一般人は共謀罪の対象にはならない、という言い方がぼくは不思議でなりません。一般人は悪いことしない、悪いことしないのが一般人、みたいなトリックつかっているでしょう？

半藤　お上のために悪いことするのが一般人ですよ（笑）。そうそう、安倍首相は東京都議会選挙の街頭演説で、聴衆の一部から辞めろコールを受けて「こんな人たちに負けるわけにいかない」と声を張り上げていましたっけ。図らずも、自分の考えややり方に、異論を差し挟む輩は敵視する、いずれ取締りの対象、という姿を衆目の前にさらしていました。

保阪　まっさきに末端の警察官が威張り出すでしょうね。ある若者に聞いて驚いたのですが、夜、七時か八時でも、「おいッ」て止められ「その自転車どうしたんだ？」などと自転車泥棒扱いされるらしい。もう日常的なのですって。

半藤　はあ。自分の自転車に乗っていても、ですか。

保阪　ええ。かなり傲岸な言い方されるらしいです。夜でなくても平日昼間、一般男性が働いている時間に中年男が自転車に乗っていると、たいがい職務質問されるという話も聞きました。あるとき「任意だから答えなくていいはずだ」と拒否したら、その警官が会社にまでついて来たそうです。で、会社の総務に「おたくの会社には自転車泥棒の疑いのある人間がいる」と告げ口されて、ひどい目にあったようです。

半藤　自転車泥棒の疑いでまだよかった。ヘタしたらいずれ共謀罪の疑いをかけられる。保阪さんは週刊誌に「共謀罪は治安維持法の再来だ」なんて大々的に書いているから、そのうちに狙われるよ（笑）。

保阪　もう、狙われるのは覚悟で生きていかなきゃならんですね。問題は、昔のように親兄弟まで標的にされるかどうか、です。「親がしっかりしていないから、倅《せがれ》がテロリストのような輩《やから》になるんだ」と、そうなったらもう終わりですね。戦時下で、ぼくの身内にもそんな例はありましたが。

半藤　現在の共謀罪は馬鹿バカしいものも入っているから心配ないと思うかもしれませんが、しかしこの先、いくらでも手直しができますからね。昔の治安維持法だって成立から二年くらいはかなり抑制的だったんです。あのときも政府は当初、対象が限定されていることをやたらと強調していましたよ。「国体変革や私有財産制の否認が目的の結社」、ようするに共産党対策なのだ、と。ところが昭和三年（一九二八）の「三・一五事件」が起きて共産党員らが一斉検挙されると、改正されて罰則に死刑が入って厳罰化されました。問題は「目的遂行罪」が加わったことです。ある行ないが結果的に「国体変革に資する」と捜査当局が判断すれば、それだけで取り締まり対象となって、無茶苦茶に対象がひろげられたんです。

保阪　昭和十六年（一九四一）の改正時には、「国体変革を支援する結社」や「国体変革を準備する結社」などと、処罰の対象は際限なくひろがりましたね。

半藤　ええ、「支援」や「準備」は、いかようにも解釈を可能にしたんです。こういうことを言うと、「昔と時代が違うよ。もう民主主義の世の中だ」と言うけれど、国家権力のやることはいつの時代でも基本的には違わないんです。

叫ばれはじめた「緊急事態」への備え

保阪　半藤さん、戦争のはじまる直前の、昭和十六年（一九四一）十一月、十二月頃に、「爆弾くらいは手で受けよ」っていう歌が流行ったのをごぞんじですか？

半藤　知っています。歌えませんけどね。

保阪　防空法の改正があり、軍部にゴマをするために、レコード会社が競ってその歌曲をつくったらしい。田端義夫とか上原敏といった当時の人気歌手が歌っているんです。先日、そのレコードを聞かされたのですが、数え歌になっていて、「ひとつとや〜」からはじまって、タイトルの「爆弾くらいは手で受けよ」が一コーラスごとの最後に出てくるんです。なんだこれは、というような歌でした。こんなおかしな文句の歌が流行っていたなんてビックリしました。

半藤　わたしらは、焼夷弾は消せるんだ、逃げちゃいかんと教わりましたよ。防空法という法律があったんです。防空法が制定されたのは「支那事変」がはじまった年、昭和十二年

（一九三七）です。太平洋戦争がはじまる直前にそれを改正して、国民に空襲時の避難禁止と消火義務を課した。「逃げたら処罰」とされたんです。隣組で相互監視していますから勝手なことは出来ません。あのころ「焼夷弾には突撃だ！」とか「退くな、逃げるな、必死で消火！」と大書きされたポスターが町のあちこちに貼られていたのを覚えています。

そのせいで三月十日の大空襲のときは十万人もの死者を出すことになる。あまりの犠牲の多さに政府も泡を食って、直後に「消すに及ばず」と指令が出た。と、長らく思っていたのですが、しかし今回調べてみると、この防空法が廃止されたのは戦争が終わったあとの、昭和二十一年（一九四六）一月三十日でした。特に「指令」のようなものではなかったらしい。

保阪　ということは東京大空襲のあと、空襲があったら逃げようと、国民は勝手に決めたのですかね、防空法に背いて。

半藤　どうやらそういうことのようです。東京への空襲は、あのあとも、四月十三日、五月二十三日、二十五日と三回大きなものがありましたけど、もちろん犠牲者は何千人か出ていますが、それでも三月のときよりは比較的少ないんです。もうみんな、よーくわかっていました。アメリカが降らせる爆弾は消せるようなものじゃない、防空壕なんかに入ったらかえって危険、蒸し焼きにされるということが、身に沁みて。それでともかく安全な所へ安全な所へとみんな逃げた。防空壕に避難していたらやり過ごせるなんて、とんでもない話だったんです。

三月十日の夜が明けて、たぶん警防団や在郷軍人会のおじさんたちは、被害の大きさに驚愕したのではないですか。まさかこんなに死んでいるとは思わなかった。防空壕に五、六人、あるいは十人。もう全員死んでいましたからね。

保阪　北朝鮮がミサイルを飛ばしたのを受けて、いま学校や市民に防空演習をやらせていますが、あれも不思議な光景です。危機意識を煽るための戦術なのでしょうけれど、そうやって国難を演出していくのでしょうね。その思惑が見えるだけに不愉快ですね。

半藤　新幹線、地下鉄の東京メトロがしばらく止まったのにも驚いた。

二〇一七年四月二十九日、北朝鮮が弾道ミサイルを発射したとの情報を受け、東京メトロは約十分間全線で運転を停止。北陸新幹線も一部区間で運転を見合わせた。ついで八月二十九日にミサイルが北海道上空を通過した際には、政府は北海道のみならず東北関東の全十二道県に避難を呼びかけ、頑丈な建物や地下へ隠れろとJアラートをつうじて通達した。

保阪　人身事故による運行停止は現場の駅員さんの権限でしょうが、ミサイルについてはきっと上からの指示が出ていたのでしょう。いやはや、正直なところなにが起きるかわからんですね。そのうち防空壕を掘れと言い出しますよ。

桐生悠々が「関東防空大演習を嗤《わら》う」という随筆を書いたのは昭和八年（一九三三）ですから、じつはこれ、防空法制定前です。一部を紹介します。

「いかに冷静なれ、沈着なれと言い聞かせても、また平生いかに訓練されていても、まさかの時には、恐怖の本能は如何《いかん》ともすることあたわず、逃げまどう市民の狼狽目に見るがごとく、投下された爆弾が火災を起す以外に、各所に火を失し、そこに阿鼻叫喚《あびきょうかん》の一大修羅場《しゅらば》を演じ、関東地方大震災当時と同様の惨状を呈するだろうとも、想像されるからである」

かれはこう書きましたが、この十二年後には、国中の都市という都市が焼かれてまさにそのとおりとなった。またぞろこの国の指導者は、空しい防空演習をはじめようとしているんです。そんな事態を招かないような、平和的解決への外交努力こそが重要なのに。

桐生悠々
明治六年（一八七三）石川県金沢市生まれ。反権力、反軍を貫いたジャーナリスト。信濃毎日新聞主筆。明治天皇の大喪のとき自刃した乃木大将を「陋習」と批判。右、「関東防空大演習を嗤う」では、空襲されたら負けと予言もしている。太平洋戦争開戦前の昭和十六年（一九四一）九月没。

自民党改憲草案と日本会議

半藤　さて、自民党の憲法改正草案を俎上に上げることにします。二〇一二年（平成二十四）四月。わたしはこれが出たときにすぐ、チクショウメと思いながら、丁寧に読んでメモしました。

保阪　自民党の改憲草案は、大所は読みましたが読んでいるうちに腹が立っちゃって、ぼくは細かく読んで検証はしていなかったんです。あまりに不愉快で途中で投げ出してしまったというのが正直なところでして（笑）。今回改めて読みました。

半藤　これができたときは、自民党は野党でした。日本会議系の「美しい日本の憲法をつくる国民の会」も独自に憲法草案をつくっておりまして（自民案公開から半年後の平成二十五年十月十二日に公開）、同会は七項目の改正ポイントと、その主旨を公表しています。

1.「前文」…美しい日本の文化伝統を明記すること。
2.「元首」…国の代表は誰かを明記すること。
3.「九条」…平和条項とともに自衛隊の規定を明記すること。
4.「環境」…世界的規模の環境問題に対応する規定を明記すること。
5.「家族」…国家・社会の基礎となる家族保護の規定を。
6.「緊急事態」…大規模災害などに対できる緊急事態対処の規定を。
7.「九十六条」…憲法改正へ国民参加のための条件緩和を。

自民党の憲法草案は、日本会議が狙ったこの七項目をピシッと盛り込んでいます。自民党の憲法草案は、日本会議が「明記すること」と指示したことをそのままそっくり明記した。とくに日本会議が重視しているのが元首と九条と緊急事態です。ほかは現行憲法とさして変わりはないから、変更点はそれに尽きると言っていいほどです。聞こえのいい環境と家族をもちだしたのは、だれもが同感しやすいし、元首と九条を変えたいがために、そのインパクトを薄めるためではないかと思いました。

現行憲法の九十六条は、自民草案では百条となっています。これまでは、各議院総議員の三分の二以上の賛成が得られなければ、国会は憲法改正を発議できなかった。それを過半数で憲法改正ができるようにするのだ、とかれらは言う。ハードルを低くして憲法を変え易くしようと。これもまた日本会議の主張です。

保阪　自民党の起草委員会は、日本会議のメンバーである議員が主導していたと見るべきでしょうね。日本会議の傀儡《かいらい》と言ったら言い過ぎでしょうか。

半藤　いや、そう思いたくなるくらいに、そのまま意図を汲んでいる。やたらとよく出てくる言葉が、「公益および公の秩序」。これのために、これを尊重し、これに反してはならない、とね。大事なところにはかならずこの言葉が出てきて、これに反したらダメ、ダメと。けっきょく「個人の自由や個人の尊厳というようなものはどうでいい。国家の言うことを聞け」ということなのだと思います。

保阪　公益というのはつまり国益。国益は、政権を握っている与党、政府が決める政策とイコールだとかれらは考えているのでしょう。政府に反対することは許さないと言っているに等しい。黙って言うとおりにしなさい、と。そう理解する以外にないとぼくも思います。

半藤　自民党改憲草案のなかから、いちばんわかりやすい改正ポイントを見いだすことができるのが、憲法第二十一条第一項です。現行憲法では、「集会、結社及び言論、出版その他一切の表現の自由は、これを保障する」とある。これにつづけて第二項として、自民改憲草案はこういう文言を加えました。

「前項の規定にかかわらず、公益及び公の秩序を害することを目的とした活動を行い、並びにそれを目的として結社をすることは、認められない」

第二項を新設することによって、二十一条の一項はあってなきがごときものにしようとしている。こんなものが通ると本気で思っているのでしょうか。

保阪　これは、ことによったら治安維持法よりも酷いかもしれません。時代逆行もはなはだしい。

半藤　ええ。つまり公益と秩序のためには言論の自由はない、ということですからね。緊急事態に備えるためには言論封殺も必要、と考えている日本会議の主張にこれもぴったり合っている。

中華人民共和国の、憲法の五十一条には「中華人民共和国公民は、その自由及び権利を行使するにあたって、国家、社会及び集団の利益並びに他の公民の適法な自由及び権利を損なってはならない」とありまして、あちらも公益と秩序のためには言論の自由はないと言っている。つまり、こと表現の自由に関して自民党は、わが国を一党独裁国家とおなじにする気です。

保阪　公益および公の秩序を害することを目的とした活動は認めないのですから、反政府デモは憲法違反とされてしまう。想像するに自民党の起草委員会のメンバーは、当時野党だったこともあってか、はじめは仲間内でこういうのがあればいいよな、といった少々軽い調子でやっていたのではないでしょうか。しかし知らないうちに委員会が党内のひとつの勢力となって改正草案も既成事実化し、その後与党に戻った。こんどは逆に、これをまな板の上に乗せてきびしく議論されたら困るぞと、怯えているかも知れません。その程度の感覚はあるでしょう。

半藤　いや、それはどうでしょうか。一項をほとんどそのまま残したあたり、真意がよくわからないように、うまくごまかしているようにも見えます。わたしには確信犯のように思えますねえ。

自民党改憲草案／第十三条

半藤　真意がよくわからないという意味では、第十三条もそうなんです。

「全て国民は、人として尊重される。生命、自由及び幸福追求に対する国民の権利については、公益及び公の秩序に反しない限り、立法その他の国政の上で、最大限に尊重されなければならない」が自民案。

現行憲法では「すべて国民は、個人として尊重される。生命、自由及び幸福追求に対する国民の権利については、公共の福祉に反しない限り、立法その他の国政の上で、最大の尊重を必要とする」

いったい〝個人〟と〝人〟のちがいはどういうことなのか。非常に微妙なのですが、個人を人と一般化することによって、一人ずつがもっている基本的人権、それから一人ひとりの自由や幸福追求の権利が制限されるということなのかもしれません。が、よくわからんのですよ。

保阪　「公益及び公の秩序に反しない限り、人として尊重される」、……うーん。つまり市民という概念を認めないということ。

半藤　人として尊重されるけれど、個人としては尊重されないということなのか。つまり「原則としては尊重されるが」の意味なんでしょうか。

保阪　少なくとも個を尊重する意識はないんですね。

半藤　秩序のなかにいるかぎりは日本人として原則的には認めてやる、と言っているようでもある。微妙な変更ではあるが、よくよく考えると厳しく制限が加えられているようにもとれる。

保阪　法律では「人」という概念はどうなっているのでしょうか。

半藤　英語に訳したらどうなんだろう。英語にすると人と個人はおなじになってしまうのでしょうかね。単なるピープル？

保阪　いま編集スタッフが調べたところ、法律学の概念としての人は、英語ではパーソンだそうです。生物学的な人と法人からなる、と。

半藤　はあ、そうですか。生物学的な人、なんですね。しかしねえ、一字変えることによってかれらはなにを意図しているのか。これも疑問に感ずるんです。

自民党改憲草案／第九条

保阪　平和主義をうたった第九条を、自民党はこう変えました（現行の九条は巻末二一七頁を参照）。

（国防軍）

「第九条の二　我が国の平和と独立並びに国及び国民の安全を確保するため、内閣総理大臣を最高指揮官とする国防軍を保持する。

2　国防軍は、前項の規定による任務を遂行する際は、法律の定めるところにより、国会の承認その他の統制に服する。

3　国防軍は、第一項に規定する任務を遂行するための活動のほか、法律の定めるところにより、国際社会の平和と安全を確保するために国際的に協調して行われる活動及び公の秩序を維持し、又は国民の生命若しくは自由を守るための活動を行うことができる。
4　前二項に定めるもののほか、国防軍の組織、統制及び機密の保持に関する事項は、法律で定める。
5　国防軍に属する軍人その他の公務員がその職務の実施に伴う罪又は国防軍の機密に関する罪を犯した場合の裁判を行うため、法律の定めるところにより、国防軍に審判所を置く。この場合においては、被告人が裁判所へ上訴する権利は、保障されなければならない」

5項にある「審判所」とは軍事法廷、つまり軍法会議のことでしょうから、もう完全に軍隊ですね。大日本帝国憲法と同様、具体的かつ細かなところは「法律で定める」、「法律が定めるところにより」としている。大日本帝国憲法の失敗の、おなじ轍《てつ》を踏むようなまことにいいかげんな規定だと、ぼくは苦々しく読みました。

大日本帝国憲法の矛盾を整理してできあがった日本国憲法を、もう一度矛盾の塊《かたまり》にもどそうとしている。自民党の憲法改正推進本部の起草委員会は、歴史的な検証や、それにもとづく考え方にまったく理解のない無神経な人たちによって構成されていると言わざるを得ません。それが小さな勢力ならば相手になどしないで無視していてもよかったのですが、そうは言っていられなくなりました。

自民党改憲草案／緊急事態関連の二条

半藤　そしてなかでも大問題なのが、緊急事態関連の二条。

（緊急事態の宣言）
「第九十八条　内閣総理大臣は、我が国に対する外部からの武力攻撃、内乱等による社会秩序の混乱、地震等による大規模な自然災害その他の法律で定める緊急事態において、特に必要があると認めるときは、法律の定めるところにより、閣議にかけて、緊急事態の宣言を発することができる」

かれらはいつもこれを声高に言うんです。外から攻撃があるぞ、大災害が起きるぞと。しかし、注目していただきたいのは、そのふたつの間に「内乱等による社会秩序の混乱」という文言が挿入されているということなんですよ。〝社会秩序の混乱〟というのもいろんな解釈が可能な言葉でしてね。このあと、2、3、4とありますが、そこは略してつぎの九十九条。

（緊急事態の宣言の効果）
「第九十九条　緊急事態の宣言が発せられたときは、法律の定めるところにより、内閣は

12月の新刊 ●8日発売 ちくま文庫

世間を渡る読書術
パオロ・マッツァリーノ

生きる力がみなぎる読書

謎のイタリア人パオロ氏が、ご近所一家の様々な疑問に答えて、テーマに沿ったおすすめ本を紹介。鮮やかなツッコミが冴える知的エンタメ読書ガイド！

43479-1
820円+税

田中小実昌ベスト・エッセイ
田中小実昌　大庭萱朗 編

入門編にして決定版！

東大哲学科を中退し、バーテン、香具師などを転々とし、飄々とした作風とミステリー翻訳で知られるコミさんの厳選されたエッセイ集。（片岡義男）

43489-0
950円+税

島津家の戦争
米窪明美

薩摩藩の私領・都城島津家に残された日誌を丹念に読み解き、幕末・明治の日本を動かした最強武士団の実像に迫る。薩摩から見たもう一つの日本史。

43482-1
780円+税

増補 書店不屈宣言 ●わたしたちはへこたれない
田口久美子

長年、書店の現場に立ち続けてきた著者によるリアル書店レポート。困難な状況の中、現場で働く書店員は何を考え、どう働いているのか。大幅改訂版。

43484-5
780円+税

ハワイアン・プリント・ブック
赤澤かおり

ハイビスカスにフラガール、麗しの117柄にアロハな人たちを訪ねたハワイアン・プリントを巡る旅のお話を加えたごきげんな一冊。お店情報も。

43490-6
1200円+税

6桁の数字はJANコードです。頭に978-4-480をつけてご利用下さい。
内容紹介の末尾のカッコ内は解説者です。

12月の新刊 ●8日発売 ちくま学芸文庫

ハーバート・スペンサー コレクション

ハーバート・スペンサー 森村進 編訳

自由はどこまで守られるべきか。リバタリアニズムの源流となった思想家の理論の核が凝縮された論考を精選し、平明な訳で送る。文庫オリジナル編訳。

09834-4 1400円＋税

コミュニティ ■安全と自由の戦場

ジグムント・バウマン 奥井智之 訳

グローバル化し個別化する世界のなかで、コミュニティはいかなる様相を呈しているか。安全をとるか、自由をとるか。代表的社会学者が根源から問う。

09825-2 1100円＋税

鉱物 人と文化をめぐる物語

堀秀道

鉱物の深遠にして不思議な真実が、歴史と芸術をめぐり次々と披瀝される。深い学識に裏打ちされ、優しい語り口で綴られた「珠玉」のエッセイ。

09835-1 1300円＋税

ロック入門講義 ■イギリス経験論の原点

冨田恭彦

近代社会・政治の根本概念を打ちたてつつ、主著『人間知性論』で人間の知的営為について形而上学的提言も行ったロック。その思想の真像に迫る。

09833-7 1200円＋税

定本 葉隠〔全訳注〕下（全3巻）

山本常朝／田代陣基 著 佐藤正英 校訂 吉田真樹 監訳注

躍動する鍋島武士たちを活写した聞書八・九と、信玄・家康などの戦国武将を縦横無尽に論評した聞書十、補遺篇の聞書十一を下巻には収録。全三巻完結。

09823-8 1700円＋税

Math & Science

現代数学序説 ■集合と代数

松坂和夫

『集合・位相入門』などの名教科書で知られる著者による、懇切丁寧な入門書。組合せ論・初等数論を中心に、現代数学の一端に触れる。（荒井秀男）

09815-3 1400円＋税

6桁の数字はJANコードです。頭に978-4-480をつけてご利用下さい。
内容紹介の末尾のカッコ内は解説者です。

法律と同一の効力を有する政令を制定することができるほか、内閣総理大臣は財政上必要な支出その他の処分を行い、地方自治体の長に対して必要な指示をすることができる」

保阪　国会の承認なくして内閣総理大臣が法令をつくることができる。おなじく勝手に予算措置ができる。えっ、もう国家総動員法ですね。

国家総動員法
第一次世界大戦以降、戦争は国家の産業、資源、人員などすべてを動員することではじめて遂行できるものであることが実証された。そのため軍部は来るべき、対米、対ソ戦を前提に国会総動員法を起案。昭和十三年（一九三八）、近衛内閣のときに帝国議会で成立した。

半藤　まさしく国家総動員法、昭和十三年に成立し施行されたそれと同じ。憲法にこういうことを書き込むということは、とんでもないことなんです。地震だなんだと言っていますが、そんなときのためには、伊勢湾台風（昭和三十四年）を契機にできた災害対策基本法（昭和三十六年）という法律があるんですよ。こういう法律は、いったんできたら、その都度改正したり付則をつけたりして、その時々の事態に対処しているのです。
　さっきもこの国の対テロ治安対策は、法的には完璧だと言いましたが、警察法の第六章にも緊急事態の特別措置法というのがあるんです。外敵の攻撃に対しては、武力攻撃事態国民保護法っていうのが、もうできていますすよ。こういうものが法律としてあるのにこれをわざわざ憲法に入れようとしている。これねえ、明治憲法も欠陥がありましたが、その明治憲法にもなかったような酷《ひど》い条項です。わたし、とりわけ自民党改憲草案の九十八条と九十九条にはアタマに来ているんです。

保阪　明治憲法には、八条に緊急勅令の規定があって、これは緊急時に議会審議なしで命令を出せる規定でした。財政措置には七十条に財政的緊急勅令が出せるとある。さらに三十一条の非常大権の規定があって、これは緊急時に臣民の人権（言論・集会、信教の自由、通信の秘密、財産権などの自由権）を制限できました。それから軍隊が統治権をもつ戒厳令（十四条）がありますよね。非常時に行政権、統治権を制限なく自由に行使できる法的条件はそろっていました。しかしそれでも自民党案のように二つの条文だけで網羅的になんでも出来るというような規定ではなかった。ほんとうにとんでもない改憲案だ。

半藤　じっさいに憲法改正となったらこれが全部生きてくる。ようするにすべてがパア。三権分立なんかまったくなくなっちゃう。地方自治権もありません。内閣がすべて決めるのです。首相がほぼ全権を委任される。

保阪　立法や司法が内閣の下請けになってしまうわけですね。軍部独裁の東條英機内閣がそうでした。いま自民党がやろうとしていることは、まさにそれとおなじ。泉下の東條さんは「俺でもやらなかった」というでしょうね。

半藤　そうです。わざわざ昭和日本のいちばん悪いところを復権させようとしている。そうとしか考えられない。

保阪　いったいなんのための戦後だったのか。

半藤　あんな馬鹿な戦争をやって三百十万人もの国民が死んで、日本中の都市という都市が焼け野原になったあと、営々とここまでつくってきた戦後の日本を、もういっぺん滅ぼそうとしているのか。

保阪　自民党改憲草案は、党内の議論を経た上で、できあがったわけですよねえ。

半藤　一度改正していますから、当然ながら党内の議論は経ている。自民党の代議士どもはこれを承認しているんでしょう?

保阪　そういうことですね。

半藤　いったい自民党のみなさんはなにをお考えなのかと。

保阪　普通の国どころかとんでもない国になる。

半藤　普通の国というのは、言葉としてはいい。いま日本はアメリカの属国であって独立国じゃないから、普通の国にしたいと。その言葉だけ聞けば、そのとおりだということになりますが。ですが、じゃあ、あなたがたの考えている普通とは、どういうことなんだと聞きたい。

保阪さんが盛んにおっしゃっていることですが、現行憲法は平和憲法じゃなくて非軍事憲法であるという話。九条のことをよく「平和条項」と言いますが、あれがよくないんです。「平和」という言葉は、たとえば「積極的平和主義」とか、「平和のための戦い」とかね、戦争をしたいヤツらに巧く使われちゃうんですよ。ですから九条は、平和条項ではなく、戦争を起こさせないための、戦争回避のための条項と明確に規定したほうがいいです。

さらにいえば、人類の希望を先どりして、普遍的な正義をしっかり盛り込んだものなのです。九条の真価はそこにあるんです。それを日本人は誇りにしたほうがいい。
保阪　共謀罪を通した上に憲法も変えてしまったら、なんのために我われは昭和史を学んで来たのか。意味がなかったということになりますね。
半藤　自民党の改憲草案は、メンバーのなかのだれが主導してつくったのかはよくわかりませんが、改憲草案をつくった連中の名前は知っておいてもいい（第三話末、一四六頁参照）。
保阪　この改憲草案は国会の憲法審査会では評判がわるくて、事実上棚上げにしているような恰好ですが。あきれたんじゃないですか。
半藤　憲法委員会ではね。しかし自民党のなかではしっかり生きているんですよ、あのままの内容で。
保阪　ことの怖さが、社会にはほとんど伝わっていませんね。
半藤　怖いといえば、ついでながら言っておきますが、自民党改憲草案の前文というのが、これまたとんでもない代物です。後段で言っている内容はまったく教育勅語。こうです。

「日本国民は、国と郷土を誇りと気概を持って自ら守り、基本的人権を尊重するとともに、和を尊び、家族や社会全体が互いに助け合って国家を形成する。／我々は、自由と規律を重んじ、美しい国土と自然環境を守りつつ、教育や科学技術を振興し、活力ある経済活動を通じて国を成長させる。／日本国民は、良き伝統と我々の国家を末永く子孫に継承するため、ここに、この憲法を制定する」

教育勅語の写しですよ、これは。自民党がやろうとしている国家改造というのは、わたしに言わせりゃただの反動です。歴史になにも学ばず歴史を無視し、ただ多数の力で押し切ろうとしているとんでもない運動だと思います。これにかなりの国民が乗っかってしまい、いまや憲法改正の賛否が拮抗しているという。とくに若い世代が、改正のほうに傾いているというのでしょう?

保阪　九条を骨抜きにしてつくられた現実を、こんどは九条の文章を直すことで整合性を保とうとする、逆立ちした論理に絡めとられてしまっているようにぼくには見えます。姑息な人たちが用いる手段です。

自民党と安倍晋三と読売新聞

半藤　起草委員会のメンバーを見ると、安倍さんは入っていませんね。まったくノータッチだったのかしら。

保阪　どうなんでしょう。

半藤　じつを言いますと、いまこうして真面目に議論しているけれど、自民党は天下を取り戻したときに、ほんとうに憲法をこういうふうに変えようと思ってつくったのか。じつのところ少々疑わしいんです。

保阪　たしかに自民党のなかでもこれを嗤う人は少なからずいると思います。後藤田正晴が生きていたら、一見して破ってしまうでしょうね。
半藤　なぜそんなことを言うかというと、安倍さんはこれをぜんぜん認めていないのではないかという疑いを、わたしは抱いておりましてね。わたしは勝手に「安倍の参謀本部」と名づけているんですが、かれの参謀は、この起草委員のなかにただ一人、磯崎陽輔の名があるだけじゃないか。しかも彼は安倍さんへの連絡係ともみられます。
保阪　起草委員会が安倍さんの関知しないところでつくっていたとすれば……。
半藤　「安倍の参謀本部」は、ちがうところでちがう草案をつくっているのではないか。その延長線上で平成二十九年（二〇一七）五月三日、安倍さんはあんなことをしゃべったのではないか、と。憲法九条の一項、二項をそのまま残し、自衛隊を明文で書き込んで合憲化するという例の案ですがね。
保阪　そういえば五月三日の安倍発言に対して、起草委員のひとり石破茂がストレートに不快感を表明していました。これは意味深長です。

二〇一七年五月三日　産経ニュースオンラインより
自民党の石破茂元幹事長は三日夜、ＢＳフジ番組で、安倍晋三首相が改憲派集会のメッセージで憲法九条一、二項を残した上で自衛隊を明記することを提案したことについて「いままで積み重ねた党内議論の中では、なかった考え方だ」と指摘した。その上で「自民党の議論って何だったの、ということがある」と述べ、首相の考えに疑問を挟んだ。

保阪　それにしても安倍首相の案。九条の一項と二項をそのままに、自衛隊の存在を明記する三項をつけ加えると言うが、「陸海軍その他の戦力は、これを保持しない」という二項との整合性をいったいどう考えているのでしょうか。これは論理矛盾もはなはだしいではありませんか。

半藤　従来の政府見解からは、九条一項二項でも自衛隊は合憲だったわけですから、三項を創設したところで矛盾はないということなのでしょう。

保阪　しかし、ならばなぜ、あえて三項で明文化する必要があるのか、という問題がある。安倍首相は、その理由として、自衛隊に対しては多くの学者と政党から違憲だと言われてきたが、その自衛隊に対し、いざというときに命を張って守ってくれというのは無責任だと言うのですが、これでは理由になっていません。いま半藤さんが指摘されたように、従来から自民党政権は自衛隊を合憲だと言ってきましたし、違憲だという憲法学者の声など無視してきたわけですから。

半藤　早い話が、憲法学者の自衛隊違憲論を面倒だから一挙に封殺したい、その一念で言いだしただけなのか、と思いますよ。それとも、公明党の票が欲しいから、はたして公明党にお世辞をつかっただけなのか。

公明党は加憲論です。自衛隊を認めてあげたい。そうすれば自衛隊の人たちも励みになる。公明党が加えたいのはその一行なのですよ。

公明党のスタンス

公明党は「基本的人権の尊重」「国民主権」「恒久平和主義」の憲法三原理は普遍として維持しな

から、課題や不備があるならつけ加える「加憲」の議論をしたいとしている。「加憲」については、以下のように述べている。「憲法第九条については、戦争放棄を定めた第一項、戦力の不保持等を定めた第二項を堅持した上で、自衛のための必要最小限度の実力組織としての自衛隊の存在の明記や、国際貢献の在り方について、『加憲』の論議の対象として慎重に検討していきます」（公明党ウェブサイトの「政策テーマ別　分かる公明党　「憲法」」のページより）

半藤　安倍さん、改正案をもうひとつ言いました。高等教育の無償化です。あれは維新の会が主張していることです。公明党の票も欲しいし、維新の会の票も欲しい。だからそれぞれの主張をくっつけたのか。

保阪　憲法改正の発議のためには議席数の三分の二が必要ですからねえ。

半藤　安倍さんがもし自民党の改憲草案をきちんと読まずに、自分たちで勝手に案をつくっているとしたら、大日本帝国憲法にもどすつもりかもしれません。

たしかに自民党の草案は暴論ではありますが、それでもかれらなりに一応考えてはいるんです。日本会議の連中の考えを尊重しすぎていますが、それでも日本国憲法の枠組みには沿っている。もし「安倍の参謀本部」がまったく違うことを考えているとしたなら……。

保阪　「安倍の参謀本部」と読売新聞との関係はどうなんでしょうか。

半藤　読売の案は、わたし読んでいないんですがね。

保阪　読売の憲法草案を渡邉恒雄さん（株式会社読売新聞グループ本社代表取締役主筆、学生時代には日本共産党東大細胞のリーダー格）から示されて、それでよしとしているわけではないでしょうけれど。

安倍首相は衆議院の予算委員会（五月八日）で国防軍の創設を盛り込んだ自民党の憲法改正案を取り下げるのかどうかを問われて、「読売新聞に書いてあるので熟読していただければいい」と、信じられないような答え方をしてもいます。あきれ返った、というどころか、読売新聞は自分たちの機関紙だといわんばかりですね。これにはどこまで増長して、どこまでわれわれ国民を舐《な》めているのかと思わざるを得なかった。

半藤　たしかにあの発言に対しては、騒動が起こっても不思議はなかったと思いますねえ。

保阪　読売新聞とて情けない。プライドを首相に汚された、オレたちは機関紙じゃないぞと書いてもよさそうなものを、黙っていましたね。戦前・戦中をつうじてメディアが戦争を引っ張っていったわけですが、またもやメディアがそういう方向に向かって行くのではないかとぼくは危惧しています。権力とメディアのあいだにあるべき緊張感とバランスが、崩れはじめています。

半藤　わたしも強くそう思います。

保阪　いま社会の構図は複雑に入り組んでいるようにも見えるけれども、その実、案外簡単な構図なのかもしれません。部数を誇る大新聞社と極右政権が、憲法を自分たちのテリトリーに引き込んでまずは変えていこうとしている。読売新聞は改憲を主張していますから、安倍首相を利用して変えようということでしょう。それにたいしてどういう批判の方法があり、どういう論理のたて方があるのか。反対する側の知性とか教養、運動量が問われているように思います。

半藤　ところが反対する側には、強い対抗手段がないんですよ。

保阪　そうですね。ぼくのところに、いっしょに憲法九条の誕生に関するドキュメントをユネスコの世界記憶遺産に登録させましょう、などと言ってくるひともいるのですけれど、どうもねえ。問題の捉え方が違うんじゃないの、と言いたくなってしまいます。

先日、日弁連（日本弁護士連合会）関係の団体が会合を開くから話をしてくれと言ってきまして、何人かの方とお会いしました。そのときに感じたのですが、集団的自衛権の行使に関する解釈の変更には問題がある、と。それはわかる。しかしそういうことにのみ、こだわっているようにも見える。そのとき、法令の解釈の問題だけ論じていても先が見えないんじゃないかと思いました。いずれにしても反対の運動の幅は、狭くて一本道なんだなあ、と感じました。

半藤　集団的自衛権による武力行使の容認、特定秘密保護法、通信傍受法改定、安全保障関連法と、このわずか五年間で安倍さんがやってきたことというのは、ひとつずつ見ると点ですが、つなげてみると独自の新しい憲法案を漠然と示しているようにも思えます。どうもそれは、自民党改憲草案の言っているようなレベルではないようだ。そのために必要な法律は、担当大臣も理解できぬまま、ろくすっぽ説明できなくたってお構いなしに通してきた。我われ国民が納得しようがしまいが、とにかく押し通してきた。そうやって「テロ等準備罪」だと政府は強弁して共謀罪法も施行されて、残るは緊急事態法。これを通せば、もう憲法はあってもなくてもおなじ、ということなのかもしれません。

保阪　もはや戦時下と同じ構図になっているかのようですね。

半藤　そうです。国家総動員法の下の戦時下とおなじなんです。そう考えますと、憲法改正は安倍さんが言っているように、九条の一項二項そのままに、三項に自衛隊容認を加えるという文言を入れるだけでいいという論理もあり得る。自衛隊の存在を憲法で認定することは、集団的自衛権も個別的自衛権も安保関連法も自衛隊といっしょにくっついていっちゃうんです。憲法の文言に書くまでもなく。

あれは一見、公明党が主張していた加憲論のように見えます。わたし自身、そういうことなのかと思ってきた。公明党は単に、さっきも言いましたが、自衛隊は憲法九条違反だとする憲法学者の主張を封殺するために、それを主張しているのでしょうけれど。

安倍さんはそれに乗っかったような顔をしていますが、実のところ、そうじゃないのかもしれない。しかも、自民党の憲法改正推進本部の全体会議では、安倍提案の第三項加憲の人気がぜんよくなっているというじゃありませんか。何をかいわんやです。くり返しますが、あとは緊急事態法をとおしてしまえば戦争に向かってなんでもやれることになる。

保阪　それに反対する者は、共謀罪で取り締まって黙らせればいい。筋書きができている。

自民党改憲草案と「安倍の参謀本部」

半藤　そういう意味では自民党の改憲草案のほうが、はっきりしていてわかりやすい。とりわけ国防軍の設立は、国民的論議を引き起こす案です。さきほど保阪さんが指摘されたように国防軍には審判所をおく、つまり軍法会議をおくと草案に明記しましたからね。となれば、わたしなんかもつい「コイツら、そんなこと真剣に考えてやがるのか、とんでもねえ！」と言うことになる。

保阪　軍法会議というのは、軍人が判士長になり弁護士も軍人です。法務官という形になるのでしょうが、要は軍による軍のためだけの裁判となる。ぼくも「帝国陸海軍が軍法会議でやっていたことをアンタたちは知っているのか！」と言いたくなります。二・二六事件のときの判士（裁判官）に寺内陸相が「はやく死刑にせよ」と控室に来ては催促していたそうです。実際に銃殺にしてますからね。戦場では司令官などが一方的に命じて裁判は形だけだったと言ってましたよ。だいたい軍法会議は閉鎖的に行われますからね。

半藤　世間はシャットアウトです。まあ、いずれにしても自民案は主張が明快だから論議になる。ところが安倍さんが加えたいという一行。こちらは議論になりにくいんです。単なる人気とり。そういうことを含めて危険極まりない。

ですからこの自民党の草案は、ことによると、目眩《くら》ましじゃないか。

保阪　真っ暗道に誘蛾灯《ゆうがとう》があってその光に誘われて歩いていくととんでもないものが柱の陰から出てくる。そういうことかもしれません。具体的に明記しないまま戦争をする国に変えてしまう巧妙さがある。いったい、安倍さんはだれからこんな知恵をつけられているのでしょうか。

半藤　わからんけど、だれか知恵者がいますね。

保阪　じつはぼく、元外交関係の某氏から、自民党のある若手代議士のブレーンとして、そのメンバーに入ってくれないかと誘われたことがあるんです。外交、歴史、防衛、経済、メディアという各分野の専門家を集めてその代議士を支え育てるんだ、というわけです。ついてはあなたは歴史を担当しないかと言われました。最終的には断った形になりましたけど、そのとき思った。ああ、こういうふうに政治と関係をもつのかと思いました。安倍さんにもそういう連中が長年ブレーンとしてくっついてきたのだと思います。半藤さん、そういう誘いは来ませんか。

半藤　来ません。棺桶一歩手前ですから（笑）。

保阪　つまり政治家は、そういうふうに私的なチームをつくるんだろうなあ、と思う。安倍さんにも表に出てこないそういうブレーンがいると思います。

半藤　そう、それが「安倍の参謀本部」。

保阪　そのなかに学者もいる。メディア側の要人も必ずいるでしょうね。こんな話を聞きました。今年の春ごろのことですが、あるジャーナリストが日本記者クラブのOB会員の会にゲストとして招かれ、「取材、報道にあたって何を重視しているのか」と尋ねられて、「ふたつある。ひとつは日本の国益にとってどうなのか。もうひとつは株価に影響しないかだ」と答えたと聞きました。ごぞんじのとおり株価はアベノミクスの生命線でした。どうですか半藤さん。この人なんか「安倍の参謀本部」の参謀の資格、充分ですね。

半藤　お前は遠吠えしているだけだ、早くあの世へ行けと、わたしらそのグループから馬鹿にされているんじゃないですか。なんだか情けなくなってきた（笑）。いずれにしましても、このわずか四、五年。段取りがよすぎる。

では、安倍政権がつぶれたときに「安倍の参謀本部」の改憲プロジェクトはどうなるか。たちまちオジャンになってわたしたちが論じていることが全部パアになる？

保阪　いや、安倍政権が倒れても、自民党のなかでは安倍さんの考えを引き継ぐ政治家はいると思います。少なくとも根絶やしにはならないでしょう。かれにすり寄って来ている人たちの、あの不気味さといったらない。連中は餌を投げれば集まってきますよ。

半藤　では、安倍さんが首相であろうがなかろうが、憲法を大日本帝国憲法にもどして自衛隊を軍隊にし、天皇は元首になるのか。

保阪　そして国民は公益の秩序のもとで、あれもこれも制約されて警察官は目の色を変えて歩き回ることになるのでしょうか。

なぜ戦争のできる国にしたいのか

保阪　さきほど半藤さんがおっしゃった、戦争ができる国にするための四つの条件。軍事機密保護、国家総動員、治安維持、それとメディア規制という、この四つを押さえればいつでも戦争ができるというご指摘でした。いつもぼくは不思議に思うのですが、かれらはいったい何のために戦争のできる国にしたいのでしょうか。仮想敵国はどこなのか。北朝鮮なのか中国と戦うつもりなのか。

半藤　たしかに言われてみれば、どことやるつもりなんですかね。

保阪　軍事を優先した社会をつくって、いったいなにを目指すのか。そこがよくわからない。

かつては軍事主導体制で、植民地を増やす、それが国益だということを目指しました。善し悪しはともかく、領土拡大、資源確保が目的だからそれはそれでわかる。しかしいま、いったい何のためにそういう体制をつくりたいのか。もし、いったん急あらば、ということなら、その設定自体、じぶんたちの政治力では現実に対応できないことを白状しているようなものだと思うのですが。

半藤　まあ、そうですよね。

保阪　だとすれば、いったいなんのために。

半藤　総理大臣がすべてを支配したいために、ですか？

保阪　けっきょく、そういうことですよね。やっぱりかれらはファシズム体制をつくりたい。自民党政府の言うことは何でも素直に聞いて、不平を言わず一生懸命はたらく清らかな日本人が暮らす「美しい日本」みたいなものですかね。そこから逸脱するものは、実力で排除する。それをかれらはファシズムとも思わないのでしょうけれど。

半藤　そうかも知れません。

保阪　ファシズム体制が戦争に直結してしまうことは歴史が示しています。戦前の日本を見てみると、戦争を起こすときは、その直前に加速する。アクセルをグッと踏み込むときがある。そのときかならず演出されるのが国難です。いまは差し当たり北朝鮮問題ですが、そうした国難が叫ばれたときに、国民の側に、加速をさせない知恵があるかどうか。

半藤　昭和十三年（一九三八）に国家総動員法を通してしまったことを思い起こせば、この国の民にはあんまり期待はできないかもしれませんね。

保阪　そうはおっしゃいますが半藤さん、当時の二大政党である政友会も民政党も、猛烈に反撥はしたんです。

半藤　たしかに。無制限にひとしい白紙委任的な権限を、政府と軍部に与えるような法案をそう簡単に認めるわけにはいかなかった。いちいち法律によらずして、勅令でなんでもやれることになるのは目に見えていましたから。ですから政友会と民政党の反撥は当然なんです。激しく抵抗して議会は紛糾しましたね。それは歴史的事実です。でもね……。

保阪　その紛糾した議会のさなか、説明に出て来た陸軍省軍務課員の佐藤賢了中佐が、説明どころか自論を滔々と説きはじめた。それを制止しようとした議員を、佐藤が「黙れ！」と怒鳴りつけた。

半藤　そんなことがありました。安倍首相の国会答弁も独善的で、ごまかしばかり。佐藤賢了に負けていません。しかしながら、国家総動員法は、審議は難航したものの、けっきょく無修正のまま衆議院を通過している。

佐藤賢了
明治二十八年（一八九五）年石川県金沢生まれ。陸軍士官学校、陸軍大学校卒。陸軍軍務局長、支那派遣軍総参謀副長。終戦時、中将。昭和十三年（一九三八）の国会での「黙れ」事件のときは、陸軍軍務課国内班長。

保阪　この法律が成立して以降、たとえば飛行場をつくるから立ち退けといわれれば出て行かざるを得なくなって、列車は市民生活を後回しに軍用輸送が優先されていくんです。そういえば大正十四年（一九二五）の、治安維持法の審議のときも、いまの共謀罪の審議での自公政府とおなじようなことを言っていました。いくつか紹介しておきます。

「過激運動者が不穏な行動に出る傾向はますます増加」「取り締まり法規が不十分」（若槻礼次郎内務大臣）

「抽象的文字を使わず具体の文字を用い、決してあいまいな解釈を許さぬ」（同右）

「無辜の民にまで及ぼすというごときことのないように十分研究考慮をしました」（小川平吉司法大臣）

「決して思想にまで立ち入って圧迫するとか研究に干渉するということではない」（同右）

さきほど半藤さんがくわしく説明されましたのでくり返しになりますが、ぼくはもう一度指摘しておきたい。治安維持法成立当初は検挙対象とされていなかった宗教団体、学術研究会、芸術団体にも、昭和十二年（一九三七）には適用されるようになったという事実です。共産主義グループなど政治集団を検挙しつくしてしまって治安維持法を適用する組織がなくなった。すると法そのものがひとり歩きして、法のために取締機関が振り回されていく。

治安維持法がこのように変質し、国家総動員法が通過した、その背景には「支那事変」という〝国難〟があったということも。

自由民主党　憲法改正推進本部
平成二十三年十二月二十日現在（平成二十一年十二月四日設置）
本部長　保利耕輔
最高顧問　麻生太郎　安倍晋三　福田康夫　森喜朗
顧問　古賀誠　中川秀直　野田毅　谷川秀善　中曽根弘文　関谷勝嗣　中山太郎　船田元　保岡興治
副会長　石破茂　木村太郎　中谷元　平沢勝栄　古屋圭司　小坂憲次　中川雅治　溝手顕正
事務局長　中谷元
事務局次長　井上信治　近藤三津枝　礒崎陽輔　岡田直樹

憲法改正推進本部　起草委員会
平成二十三年十二月二十二日
委員長　中谷元
顧問　保利耕輔　小坂憲次
幹事　川口順子　中川雅治　西田昌司
委員　井上信治　石破茂　木村太郎　近藤三津枝（兼務）　柴山昌彦　田村憲久　棚橋泰文　中川秀直　野田毅　平沢勝栄　古屋圭司　有村治子　礒崎陽輔（兼務）　衛藤晟一　大家敏志　片山さつき　佐藤正久　中曽根弘文　藤川政人　古川俊治　丸山和也　山谷えり子　若林健太
事務局長　礒崎陽輔
事務局次長　近藤三津枝

第四話　新憲法はいかにして生まれたか

歴代首相は憲法をどう語ったか

保阪　今回、自民党の戦後の歴代首相は、首相就任時の施政演説のなかで憲法についてどういうことを言っていたのか、調べてみました。

半藤　昭和三十年（一九五五）の結党（自由党と日本民主党による合同）以来、ずっと自民党の党是は「自主憲法制定」ですからね。

保阪　ええ。ところが実際読んでみると、改正のみを叫んでいるのは安倍晋三ただ一人でした。岸信介や中曽根康弘も改正を口にしていますが、そこには自制というものがあった。吉田茂から竹下登の十三人はとりわけ丹念に読んでみたのですが、いずれも憲法がつくりあげた戦後日本を肯定的にとらえている。憲法改正をずっと主張しつづけている中曽根康弘でさえ、「わが国の戦後の発展は、何よりも新憲法のもたらした民主主義と自由主義によって、日本国民の自由闊達な進取の個性が開放され、経済社会のあらゆる面に発揮されたことによるものであります」と述べています（昭和五十八年一月二十四日／第九十八回通常国会施政演説）。

半藤　へえ、そんなこと言っていたのですか。と、いうことは、戦後民主主義の全否定論者は安倍さんだけということですか。

保阪　そうなんです。中曽根さんでさえ、まずはそう言ってその上で改正に言及している。吉田茂は、第一次内閣が組閣された昭和二十一年（一九四六）六月二十一日の議会で、「憲法の改正を待つまでもなく、軍国主義と極端なる国家主義との色彩を完全に払拭し、その将来における再生を防止するために努力する」と言っていました。片山哲も芦田均も同様の約束をしています。つまり憲法制定直後の首相たちは、積極的に自らも関わりをもって、この憲法を遵守すること、軍国主義の復活を許さないことを、施政の大方針として据えていることがわかる。

　吉田からだいぶ時代を下って、昭和五十五年（一九八〇）十月三日、鈴木善幸はストレートにこう述べた。

「私は、今後とも、憲法の定める平和と民主主義、基本的人権尊重の理念を堅持し、国民のすぐれた力を結集して、わが国の未来を確かなものにしてまいりたい」

　鈴木はもっとも明確な憲法観を打ち出していたと言っていいかもしれません。こうして見ると、歴代首相はみな施政演説のなかに、ある種の良識を埋め込んでいるのです。

半藤　安倍首相だけですか、良識が疑われるのは。

片山哲
明治二十年（一八八七）年和歌山県生まれ。東大法学部を卒業して弁護士となり、社会民衆党の結党に参加して衆議院議員に転ずる。戦後、日本社会党結成に加わり書記長に。昭和二十二年（一九四七）、連立内閣で首相就任。昭和五十三年（一九七八）没。
芦田均
明治二十年（一八八七）京都生まれ。東大法学部から外務省へ。ロシア、フランス、トルコなどに赴任。政友会から衆議院議員に。大政翼賛会に同調せず、鳩山一郎らと同交会を結成した。戦後、昭和二十一年（一九四六）の総選挙では鳩山の自由党から出馬し当選。帝国憲法改正特別委員会委員長に就き、新憲法条文の作成に尽力した。のち首相就任。昭和三十四年（一九五九）没。

憲法の長さ

半藤　改憲論者のなかには、ほかの国はやたらと憲法を改正しているではないか、という人もいます。一度も改正していないのは日本だけだと。どうしてなのかと疑問に思いまして、わたし、ボート部の後輩の憲法学者に聞いてみた。すると日本国憲法には、大原則が書かれていてこまかい付則はないに等しいのですって。文字数はインド憲法の二十九分の一だそうです。ドイツ憲法の五分の一、世界の憲法の平均と比較すると四分の一ほど。それくらい短い。日本より短いのは、アイスランドとモナコの、たったふたつだそうです。

保阪　どちらも国の規模としては小国。いずれも非戦をうたっている国ですね。

半藤　しかもこれ、単なる文字数の比較ですよ。訳してみたら分量のちがいはもっと凄いことになる。英語を日本語に翻訳すると、文章の量（ワード数）は二・五倍にふくれ上がります。翻訳文がその二・五倍の長さになるとしたら、どうです？

保阪　何十倍にもなりそうですね。

半藤　日本の場合、選挙とか地方自治とか、統治に関することは「べつに法律がこれを定める」とあって、個々の法律に任せている。「べつにこれを定める」という条文は十ある。つまり本当は、十の項目それぞれに細かく内容を補足しなくてはならないわけですが、日本国憲法にそれは書かれていない。いっぽう先進諸国のなかでも五十八回と、とりわけ改正回数の多いドイツ憲法の場合、細かく内容に言及しているために東西ドイツ統一など状況に応じて細かく直さざるを得ないのだそうです。しかしながらそのドイツの憲法でさえも、大綱は変わっていないとかれは言っていました。

保阪　よくドイツ憲法が引き合いに出されて、憲法改正はなにも恐れる必要などないと言う人がいるけれど、ぜんぜん意味が違うのですね。

半藤　ですから「ほかの国は変えているのに、変えない日本はおかしい」というあの論理は、憲法を知らない人の言い草なのですって。

ようするに明治憲法以来、日本の国の憲法は国家の理念が書かれたものであって、統治の具体的な定めは法律にまかせてきた。だから日本の憲法はこんなにすっきりと短いのだそうです。

いまさら言うのもなんですが、わたし、今回の対談の話が来たときにいいチャンスと思ったんです。事実はこうだということをあまりにもみなさんご存じない。あらためて丁寧におさらいをしておくべきときがやって来たな、とね。

というわけで、このあとは日本国憲法、とりわけ九条がどのようにでき上がったのかを見ていくことにいたします。

そのはじまりに起きたこと

半藤　昭和二十年（一九四五）八月十五日に天皇の肉声によるラジオ放送、いわゆる玉音放送が国中にながれて国民は敗戦を知る。戦争終結を完成させた鈴木貫太郎内閣にかわって、東久邇稔彦《なるひこ》内閣が八月十七日に発足します。そこから話ははじまります。

この内閣の顔ぶれというのがどうにも旧態依然でして、東久邇宮のたっての希望で副総理格に近衛文磨元首相が無任所の国務大臣に就きました。書記官長（現在の官房長官）が緒方竹虎、外相重光葵《まもる》、海相米内光政、陸相下村定《さだむ》、蔵相津島寿一。首相自身が「無難で老練な保守的な人びと」と評したほど、昔の名前が並びました。かれらはこのとき、その日まであった大日本帝国がそのままにつづくと、つまり根本的な改革なしに国体護持は可能だと楽観視していたようです。もとより自らが憲法を変えるつもりなどは毛ほどもなく、アメリカ占領軍に大改編されることすら予想もしていなかった。そして八月二十八日に最初の占領軍が日本本土に進駐し、三十日には厚木飛行場にマッカーサー総司令官が降り立ちます。

東久邇稔彦

明治二十年（一八八七）年、皇族久邇宮朝彦の九男として京都に生まれる。陸軍士官学校、陸軍大学校卒。大正四年（一九一五）に明治天皇の第九皇女と結婚したが、フランスに単身で長期留学（大正九年から昭和二年）。陸軍大将。戦後最初の首相。平成二年（一九九〇）没。

保阪　半藤さんは、ご著書『日本国憲法の二〇〇日』（文春文庫）のなかで紹介しておられますが、その日の読売報知新聞に、満洲国を実質的につくった石原莞爾（元陸軍中将）のインタビュー記事が掲載されるんですね。このとき石原は、いちはやく軍備の放棄を提唱していました。こう言っています。

「戦《いくさ》に敗けた以上はキッパリと潔く軍をして有終の美をなさしめて、軍備を撤廃した上、今度は世界の輿論《よろん》に、吾こそ平和の先進国である位の誇りを以て対したい。将来、国軍に向けた熱意に劣らぬものを、科学、文化、産業の向上に傾けて、祖国の再建に勇往邁進したならば、必ずや十年を出でずしてこの狭い国土に、この尨大《ぼうだい》な人口を抱きながら、世界の最優秀国に伍して絶対に劣らぬ文明国になりうると確信する」

半藤　当時これを読んで、ウチの親父と伯父が感心していましたよ。この国の職業軍人どもは愚劣漢と腰抜けばかりと思っていたが、なかには性根のすわった野郎がいたもんだ、と。

保阪　石原莞爾はその二カ月後、さらに一歩踏み込んで、「戦争放棄」を唱えているんです。石原莞爾の戦後の発言や文章が、『石原莞爾戦後著作集　人類後史への出発』という本にまとめられているのですが（石原莞爾平和思想研究会編／一九九六年展転社刊）、そのなかに収録されている言葉です。

当時石原は、山形庄内地方の西山農場に暮らしながら、同士や門弟から意見を求められて精力的に発言していました。核爆弾によって人類史が一大転換期を迎えたことを指摘したあと、石原はこう述べた。


「今日までは、いかにも軍備を持たぬ真の独立国はなかった。しかし前述の如く今や世界統一の前夜に入り、戦争の絶滅してしまう次の時代が来るのである。たとい中途半端な軍備を持ったところで何の役にも立つものではない。我等は心の底から戦争放棄の深甚微妙な真意義に目覚め、身に寸鉄を帯びずしてただ正義に基づき国を立て、全世界に対してその進むべき新しき道を示そうとする大覚悟と大抱負に生きねばならぬ。

……この危険極まりない世界の面前で日本は完全に武器を捨てて裸となった。第一流の強国が一朝にして武備を放棄したのは史上空前のことである。これぞ我等が絶対平和の先駆者として、国内には搾取なく国外に向かっては侵略を欲せざる、新しき文化国家を建設すべき天与の使命を受けたものと勇躍を禁ずることが出来ぬ」（原文は傍点なし）

半藤　ほう、日本国憲法ができる一年前、昭和二十年（一九四五）十月の時点で「戦争放棄」をねえ。

保阪　九月二日に連合国と日本が米戦艦ミズーリ号の甲板上で降伏文書（休戦協定）に調印して、正式に日本がポツダム宣言を受諾したことになりました。同時に、連合国軍司令長官マッカーサーは、布告第一号を発したのですが、それが「行政、司法および立法の三権を含む日本政府の一切の権能は爾今、本官の権力下に行使せらるるものとす」。これ以後、日本政府は、マッカーサーにコントロールされることになります。マッカーサーは連合国軍総司令部（GHQ＝General Headquarters）を、宮城（皇居）正門をにらむ位置にある日比谷の第一生命ビルに据えた。占領の二大政策は、日本の「非軍事化」と「民主化」でした。

副総理格の大臣となっていた近衛がマッカーサーを総司令部に訪れたのは、そんな状況下の十月四日。このときマッカーサーは近衛に「日本人自らの手で憲法を改正せよ」と示唆したとされています。

半藤　それが近衛の勘違いなのかどうか、のちに問題になるのですが、GHQは近衛がマッカーサーに会ったその日に、いわゆる「自由の指令」を発しているんです。「民権自由に関する指令」です。主なものは政治犯の釈放、特高警察の廃止、思想・言論規制の法律撤廃などなど。ところが東久邇宮内閣は、治安維持法を維持して特高を温存しておくことを公言しておりましたから、「自由の指令」を実行することはできないと、その翌日に総辞職してしまいました。

つぎに内閣を引き受けたのは、外交畑一筋の幣原喜重郎。幣原が選ばれたのは、吉田茂外相の強い推挙でした。木戸内大臣は当初、吉田に話を持っていったのだけれど、吉田がどうしてもできないと固辞して、幣原を推したのです。幣原はそのとき七十三歳でした。

保阪　近衛は東久邇宮内閣の大臣を辞職しますが、内大臣府御用掛に任ぜられ、天皇からじきじきに憲法改正の研究調査を命じられています。明治憲法七十三条、勅命による憲法改定の役割を天皇から正式に与えられたということになる。ところがこれを幣原新首相は知らされていなかった。ここからなんです。憲法改正問題が、日本の中枢においてややこしくなっていくのは。

半藤　これを聞いた国務大臣の松本烝治が閣議で憤然と主張した。憲法改正の調査は内大臣府がとりあつかうべき案件ではない。改正の発議は内閣でやるべき重要な国務事項だと。そして松本当人が、憲法改正の担当大臣に任命されることになる。松本烝治という人は、東大の商法の教授をやったあと、満鉄の副社長をやったり日銀の参与、民間会社の役員に就いたり。目端のきく人で、ただの学者ではなかったようです。相当な自信家でもあったらしい。

幣原首相は近衛を首相官邸に呼んで、松本を同席させて話し合いをもつのですが、このとき近衛と松本は互いに意地を張って、ケンカ腰の会談になった。もとより近衛はここで引き下がるつもりはなく、京都帝大時代の恩師で憲法学者の佐々木惣一に頼んで草案づくりを急がせるんです。

いっぽう松本も黙ってはいなかった。松本の主張した、内大臣府が憲法改正準備をおこなうことの違憲性について、批判の声がしだいに大きくなっていきました。

これに応じるかたちで松本は自らを委員長に、十月二十五日に「憲法問題調査委員会」を設置します。これがいわゆる松本委員会です。十一月一日、マッカーサーがついに声明を出します。「日本国憲法に関し近衛公が演じつつある役割りについては、大きな誤解があるように思われる。近衛公は連合軍当局によって、この目的のために選任されたのではない」と。梯子《はしご》をはずされた以上、もう表舞台に近衛に出る幕はありません。しかし、近衛と佐々木は天皇の命令の変更がないかぎりやめるわけにはいかないと、おのおの改正案の作成はつづけたのでした。近衛自身の憲法改正案は十一月十九日にできあがりまして、その意見書、「大綱」が天皇に報告されています。さらに、二十四日には佐々木が参内して書き上げた憲法草案をみずから天皇にご進講しています。

昭和天皇がそれを読んだ。非常によろしい、と言ったかどうかはわかりませんが、昭和天皇は首相の幣原喜重郎に、これも検討するようにと渡しているのです。ところが幣原首相からこれを渡された担当大臣の松本烝治は、こんなものいらないと突き返している。

保阪　しょせんは内閣の外でやってることだ、というわけですね。同時に幣原もこれを参考にすることはないと内閣の倉庫に封印してしまったといわれています。

半藤　そういうことです。これで佐々木・近衛案は地下にもぐったかたちになるわけです。ところで佐々木惣一京大教授が書いた草案に、近衛が自分流に手直しした近衛案の原本が、ゴミになることなく、国会に保存されて残っているのをごぞんじでしたか？

保阪　いいえ、知りません。ぼくも見たいと思ってはいたんですが……。

半藤　発見されたのが昭和三十四年（一九五九）七月。『日本国憲法の二〇〇〇日』（二〇〇三年三月刊）を書いたときにわたしは見せてもらいました。
保阪　どんな内容なんですか？
半藤　近衛案の「改正の要点」の主要な部分をメモして来ましたので紹介します。

「一、天皇統治権を行うは万民の翼賛による旨を特に明《あきらか》にす
二、天皇の憲法上の大権を制限する
三、軍の統帥及び編成も国務なることを特に明にす
四、臣民の自由を尊重する」

保阪　当時としては、かなり進歩的と言っていい内容でしたね。
半藤　ええ。佐々木案のほうは改正の名にあたいする、旧憲法の枠組みの外へ踏み出した案になっていた。ところがこれは公表もされず、その後の憲法改正の動きに影響を与えることはありませんでした。
　近衛が戦犯の指定をうけたのは、それからひと月もたたないうちでしたね。けっきょく近衛は巣鴨拘置所に出頭することなく、十二月十六日に青酸カリで服毒自殺をしました。

世紀の大スクープ

保阪　そして昭和二十一年（一九四六）二月一日。珍事が起きました。毎日新聞が「憲法改

正・調査会の試案」と見出しをつけ、「調査委員会の主流をなす」試案であるとして改正憲法を一面トップで報じたのです。松本大臣の起草は二通り、甲案・乙案があることまでもが記事になった。松本委員会の議事は、厳重な秘密事項でしたから大スクープです。あとから分かるのですが、掲載されたのは松本委員会の甲案（宮澤俊義の案といわれる）でした。乙案はほとんどが「現状」のままとしており、甲案は「神聖にして侵すべからず」がはずされているる点に変化を認められるものの、明治憲法の枠組みをそのままに文言を言い換えているだけの内容です。

半藤　それを読んだ民政局のホイットニー局長は、顔色をかえて怒ったそうですね。というのもあたりまえです。日本政府に自主的に民主化の道を選ぶ余地をあたえたのにもかかわらず、松本委員会は、日本を敗戦国へと導いた明治憲法をちょっと手直ししただけで、ほぼそのままにしておこうとしたわけですから。

保阪　毎日新聞のスクープについては、当時からいろいろな噂が立ちました。密かに案を入手したGHQのリークではないかとか、吉田茂（当時の外相）がマッカーサーの腹をさぐるつもりでリークしたとか、諸説が飛び交った。

半藤　だいたい当時の新聞は占領軍が厳しい検閲をおこなっていたわけですから、その検閲を通った記事というだけでも、なんらかの関与が占領軍側にあったのでは、という憶測も故なしとはいえない。

保阪　そんなわけで長らく謎であったわけですが、半世紀を隔てた平成九年（一九九七）、スクープをした当の毎日の記者が真相を公表しました。本人が報道各社の「政治記者ＯＢ会報」に手記を寄せたのです。それによると真相は、首相官邸一階にあった松本委員会の事務局に協力者がいて、その人から草案を借り出して二時間ほどで書き写して戻したということだった。

スクープをものにしたのは、当時三十歳の西山柳造という政治部記者でした。かれは、宮内省に掛け合って日本のメディアとしてはじめて天皇の記者会見を実現した人でもあるそうです。

半藤　ほう、そうでしたか。

保阪　このあとホイットニーはマッカーサーに進言します。ＧＨＱが認めがたいような憲法改正案を日本政府が決定するまえに、こちらから指針を与えるほうが時間の節約であると。これをうけてマッカーサーは、憲法改正準備を日本側に全面的に任せることをやめる、という決定をくだすのです。そしてマッカーサーは、民政局長ホイットニーに草案作成のための三原則を示しました。

一、天皇は国家の元首の地位にある。
　皇位の継承は世襲とする。天皇の職務および権能は、憲法にもとづいて行使され、憲法に示された国民の基本的意思に応えるものとする。
二、国権の発動たる戦争は、廃止する。

日本は、紛争解決のための手段としての戦争、さらに自己の安全を保持するための手段としての戦争をも放棄する。日本は、その防衛と保護を、今や世界を動かしつつある崇高な理想に委ねる。日本が陸海空軍を持つ権能は、将来も与えられることはなく、交戦権が日本軍に与えられることもない。

三、日本の封建制度は廃止される。

貴族の権利は、皇族を除き、現在生存する者一代以上には及ばない。華族の地位は、今後どのような国民的または市民的な政治権力も伴うものではない。予算の型は、イギリスの制度に倣うこと。

こうして、日本政府に知られないようGHQ民政局が極秘裡に、日本の憲法草案をつくることになりました。九日間、昼夜兼行で民政局員二十五人が作成にとりくむことになる。

半藤　歴史にイフはないと言いますが、もしこのスクープがなければ、方針のはっきりしない玉虫色の議論が、政府とGHQとのあいだでしばらくの間つづいていたかもしれません。となれば、ソ連や中国、オーストラリア、オランダなどが入った極東委員会が二月二十六日からスタートしていますから、極東委員会の強硬な意見も割って入ってきてアメリカの方針とぶつかっていた可能性もある。毎日新聞のスクープが、新憲法づくりに向けてのギアをトップスピードに入れたことは間違いありませんね。

極東委員会（FEC：Far Eastern Commission）

日本占領管理に関する連合国の最高政策決定機関。日本の占領管理は、連合国を代表して連合国最高司令官が行うことになっていたが、実態はアメリカの政策で運営されていた。これにソ連が異を唱え、連合国の機関による政策意思決定を求めたことで、十三カ国（米国・英国・中国・ソ連・フランス・インド・オランダ・カナダ・オーストラリア・ニュージーランド・フィリピン、のちにビルマ・パキスタンが加わる）の代表による協議機関としてこの委員会が設けられた。とくに天皇の戦争責任をめぐって、ソ連、オーストラリアなどはそれを厳しく求めることが予想されたので、いち早く日本の憲法改正によって天皇制が維持されるという既成事実をつくることをマッカーサーは企図した。

新憲法草案をつくった民間グループ

半藤　日本国憲法をつくるときも明治憲法のときと同様に、政党、民間グループ、そして個人からも、提案された改正案はじつにたくさんあった。そのことについても触れておきたいですね。

保阪　ええ。民間でも学者の間などで新憲法を提言する動きが活発でした。有名なのは鈴木安蔵ら七人のグループです。東大の高野岩三郎教授の呼びかけでつくられた憲法研究会です。幣原内閣ができて、憲法問題調査委員会がおかれた直後、昭和二十年（一九四五）十月下旬には議論を始めています。メンバーは鈴木、高野のほか、のちの片山、芦田内閣で文部大臣をやった森戸辰男（経済学）、倫理学の杉森孝次郎などがいます。それから岩淵辰雄（読売新聞で政治記者、主筆）や馬場恒吾、室伏高信が参加していました。岩淵は戦争末期に近衛文麿と終戦工作に尽力した人物で、吉田茂と同時期に憲兵隊に逮捕された経験をもっている。吉田と親しかったのですが、戦後は仲たがいをしています。

鈴木安蔵は憲法史の学者ですので、彼が中心になって草案は書かれました。二カ月ほどで「憲法草案要綱」を作成し、杉森が英訳して十二月二十六日にGHQに持っていっています。天皇制を認めたうえで国民主権をうたい、基本的人権を制限なしに規定した。象徴天皇制の考え方に近いんです。かれらは民主的な色彩を明確に打ち出していました。天皇大権の呪縛から脱却していることは注目にあたいしますね。

昭和二十一年（一九四六）二月八日に政府がGHQに提出した松本案（「憲法改正要綱」）は天皇大権がそのままですから、そこには大きなへだたりがありました。憲法の根本を君主制のままにするかどうか、ここが大きな分岐点なんです。鈴木安蔵グループの案は、GHQ民政局の憲法草案に影響を与えたとも言われています。ぼくは与えたと思っています。

「憲法草案要綱」

明治四年生まれの高野岩三郎（経済学、統計学）が呼びかけて、鈴木安蔵（憲法学）、馬場恒吾（ジャーナリスト、のち読売新聞主筆）、杉森孝次郎（政治学、「同要綱」を英訳）、森戸辰男（教育者、のち文部大臣）、岩淵辰雄（ジャーナリスト）、室伏高信（ジャーナリスト）らが参加して憲法研究会がつくられ、帝国憲法に代わる新しい憲法の草案として作成された。GHQの憲法草案の作成に影響を与えた。この事実は、GHQの草案作成者が証言している（NHK『NHKスペシャル日本国憲法　70年の潮流〜その時、人々は〜』［二〇一七年五月六日放送］）。

半藤　これは有名な話ですが、天皇機関説の美濃部達吉も、その後「八・一五革命説」を唱えて新憲法を賞賛する宮澤俊義も、この時期（昭和二十一年一月ごろ）までは憲法の大幅な改定に反対しているんです。天皇大権をガラッと変えることには、そうとうな抵抗、タブーがあったのではないですか。

GHQから半ば強権的に、当時の日本人がなかなか考えられないような民主的憲法草案が出てきて、やっと「ここまでやっても良いのだ」と踏ん切りがついたのではないでしょうか。六月二十日以降の国会審議であれだけ活発な議論ができたのは、そういう気分的な解放があったからではないかと思います。

保阪　君主制の問題は常にグラグラ揺れています。この問題に最初に手をつけるというのは、軍部も右翼も表舞台から姿が見えなくなった状況になったとはいえ、やはり簡単ではなかったのでしょうね。

戦争放棄の発案をめぐって

保阪　もうひとつ、マッカーサー三原則の二、「戦争放棄」は誰の発案だったかについても、長らく議論されてきました。ぼくはいまでは幣原喜重郎と断定していいと思っています。

一九二八年（昭和三）に世界十五カ国の代表によって調印されたケロッグ・ブリアン条約（不戦条約）は、その第一条でこのように明確に戦争放棄をうたっています。

「締約国は、国際紛争解決のため戦争に訴ふることを非とし、かつその相互関係において国家の政策の手段としての戦争を放棄することをその各自の人民の名において厳粛に宣言す」

ちなみに条約公布時の外相は幣原で、文書には幣原の副署があります。

幣原喜重郎は昭和二十年（一九四五）の暮れに風邪をこじらせ肺炎で伏せっていました。その間に、年頭に発表する天皇の「人間宣言」の草稿を英語で書いているのですが、治療薬のペニシリンをGHQに分けてもらったおかげで全快した。その返礼をかねて、GHQのマッカーサーを訪ねているんです。これが一月二十四日。正午からたっぷり三時間、通訳をまじえず二人きりで話している。この会談が歴史的なカギです。

半藤　マッカーサーは幣原喜重郎の英語を褒めたそうですよ。それを受けて幣原は、ロンドン留学中に英語の勉強のためにシェークスピアを読んだことを語って、『ベニスの商人』第四幕第一場、ポーシャ姫の名文句を原文のままに朗唱したという。こんな知識人が日本にいるのか、とおったまげたマッカーサーは、それが終わると自分のほうから握手を求めたのですって。

保阪　そういう逸話がありますね。残念ながら私的な訪問でしたから公式記録は残されていません。けれどもその日の主たる会談内容については、平成二十七年（二〇一五）三月から刊行がはじまった『昭和天皇実録』にはっきりと記されているんです。

昭和二十一年一月二十五日の記述です。

「午後三時二十五分、表拝謁ノ間において内閣総理大臣幣原喜重郎に謁を賜い、奏上を受けられる。幣原は、昨日聯合国最高司令官ダグラス・マッカーサーと会見し、天皇制維持の必要、及び戦争放棄等につき懇談を行った」（典拠のひとつに「聯合国軍最高司令官総司令部日誌」とあり）

マッカーサーは、罷免された後の一九五一年（昭和二十六）五月五日、アメリカ上院の軍事外交合同委員会の公聴会で、「戦争放棄は日本人の発案だった」と述べています。さらにつづけて幣原喜重郎がマッカーサーに対して、「軍人のあなたに差し出すのは不本意ではあるが」と前置きをし、「国際間の懸案は武力によって解決しようとしてはならないと自分は考えている」と言ったというのです。そして起草中の憲法にそういう条項を入れるよう努力したいと幣原が述べたと、証言したんです。もっともこの証言は、押しつけ憲法論を説くひとたちから、長らく信頼できないと決めつけられてきましたが。

半藤　戦争放棄の発案はマッカーサーか幣原喜重郎か。わたしは、『日本国憲法の二〇〇日』を書いたときには、マッカーサー発案説をとったんです。というのも、幣原喜重郎さんは憲法問題調査委員会に何度か出席しているのですが、戦争放棄についてはまったく口にしていない。せめていっぺんぐらいきちんと触れていたのなら幣原発案もあり得るか、と思ったのですけどね、それがない。

ところがその後も調べつづけていって、やはりこれは幣原さんだぞ、と考えを変えました。決定打となったのは、雑誌「世界」（岩波書店刊）平成二十八年（二〇一六）五月号に掲載された東大名誉教授の堀尾輝久氏の論文です。堀尾氏は、改憲を目的として昭和三十一年（一九五六）に自民党政府がつくった憲法調査会の会長であった高柳賢三とマッカーサーとの間の往復書簡を発掘した。マッカーサーが手紙で、幣原の提案であったとはっきり書いているんです。

高柳が「幣原首相は、新憲法起草の際に戦争と武力の保持を禁止する条文をいれるように提案しましたか」という、まことにストレートな質問をした。それにマッカーサーがこう答えている。「戦争を禁止する条項を憲法に入れるようにという提案は、幣原首相が行ったのです」。それで、ああ、やっぱり幣原さんだったのか、と。

保阪　しかし幣原さんは、首相でありながらなぜ明治憲法の内実を変える気がない松本烝治大臣を憲法問題調査委員会のトップにすえて、容認していたのでしょうか。幣原は、このとき放任するかのような姿勢で松本委員会を見ていたような印象をぼくは受けます。幣原はきわめて保守的な、根本的に変更を加えていない松本案を、消極的ですが容認していたという史実は否定しきれない。

半藤　つい忘れてしまうのですが、明治憲法下では、総理大臣と国務大臣の関係は、現在の内閣の関係とまったく違いますよね。戦後の憲法では、首相が大臣を任命・罷免・更迭できますし（憲法六十八条）、じっさい大臣を辞任させることはしばしばあります。しかし明治憲法下には内閣の権限の規定がなく、内閣官制という法律（勅令）に定めがあるのみで、そこにも総理大臣に他の大臣の首をすげかえる権限は書かれていません。総理に大臣任免権はないし、大臣を指揮監督する権限もない。対等の地位です。ですからいったん職掌がきまった大臣を、首相の方針と異なるから辞めさせることも、意見をかえさせることもできない、というか、その発想がないわけです。いったん対立すれば、閣内不一致で内閣総辞職しかなかった。そのためなんじゃないですか。第二次近衛内閣が、松岡洋右外相を辞めさせるために総辞職した。これがいちばんいい例です。

保阪　言われてみれば、たしかにそうですね。幣原内閣はいわゆる「自由の指令」の直後に発足していますから、民主化をすすめることは実現させるつもりだったのでしょう。ただ、それらは明治憲法をほとんど変えなくても可能だと考えていた節がある。天皇大権を変えることなく、議会や行政のありかたを修正する。そういう意味では幣原さんも松本大臣も、明治憲法の「護憲」派でした。その後、ＧＨＱから具体的な民主化、さらに憲法改正を迫られるなか、幣原さん自身が変わっていった。それを裏付けるのが、当時秘書官として幣原をごく近くで見ていた岸倉松（元外交官）の証言です。

幣原の評伝『幣原喜重郎』（昭和三十年十月刊）で、幣原が決心にいたる心の機微について、岸はこう断言しているのです。

「少くとも幣原首相はこの病気（編註・ＧＨＱに分けてもらったペニシリンで治癒した肺炎のこ

と）を境として、心境に大きな変化があったように思われるのであります。だからそれから以後、首相は段々戦争放棄という大理想を実際に実現しなければならないというお考えに変って行ったようであります。而してこの心境の変化が実現の問題とぶつかったのは昭和二十一年二月中旬総司令部からマックアーサー憲法草案が提示せられた時であります。当時幣原首相のお考えは理想は理想として、現実に戦力を放棄するということを憲法に規定するというところまで割り切っての決心はまだできていなかった上に、実際政治の運営という面からこれを表面に出すことに就いては大いに苦しまれていたように思うのでありますます。然し二月二十一日マックアーサー元帥と会見せられ、マ元帥及び総司令部側の意図するところがはっきり認識せらるるに及んで、幣原首相の決意は愈々《いよいよ》堅められ、理想と現実を一体として具現せねばならぬ事態に当面した以上、従来からの一切の行懸りを抛棄せねばならぬという考えから、ここに断固決意をせられたと推測される節があるのであります」

岸倉松秘書官はつまり、幣原が一月二十四日にマッカーサーに話した、自らの「戦争放棄」への思いが、GHQから現実の憲法案として二月十三日に示されたことで決心が固まったと見ていた。その前後から幣原がはじめた行動をこう証言しています。

「現にその頃反対意見を持つ閣僚を自ら説得せられていた事実がありますのみならず、爾来幣原首相の戦争放棄に関する主張は、漸次理路整然として外部に提唱声明せらるるようになったのであります」

昭和二十一年（一九四六）の一月から二月にかけて、発案からその実現へと、幣原がその責任を明確に、わが身に引き受けたことがわかります。

半藤　わたしは、いままでは幣原喜重郎の発案であったことはたしかではないかと思いまして、平成二十九年（二〇一七）四月刊行の『私にとっての憲法』（岩波書店刊）に寄せた原稿（「第九条のこと」）で、かつての見立てを改めたと書きました。九条は日本人自らが発案したものであったということは、事実として確定したと言っていいと思います。

保阪　関連してもうひとつだけつけ加えたい。おなじ『幣原喜重郎』評伝に、幣原内閣をひきついだ第一次吉田内閣の法制局長官を務めていた入江俊郎（のち最高裁判事）が書いた文章が紹介されています。入江は、松本委員会のメンバーで松本案の作成にかかわっていました。政府案の作成、修正の中心人物のひとりでもあります。

「幣原さんがいなかったら、マックアーサー元帥といえども、ここまで徹底して、理想を実際政治の上に実現させ得なかったのではなかろうか。（中略）

この条項は、きわめて理想的である。余りに理想的である。従って現在のような国際情勢の下では、いろいろの批判の生れることもやむを得ない。いつかは改正されねばならぬものかも知れぬ。だが、それと、この条文の持つ理想的な面、即ちその文化史的意義とは別のことだと思う。（中略）この規定の持つ文化史的意義は永久に忘れられるものではない。人類が、真剣に平和を欲求する本然の叫び声は、永遠に地上からは絶えないであろう」

我われ日本人は、この証言をいま改めて傾聴すべきだと思います。

半藤　心から同感いたします。

大臣答弁じつに一千三百六十五回

保阪　成立過程に話をもどしましょう。日本政府は、GHQ草案をもとに日本政府による憲法草案を作成することを、二月二十六日に閣議決定します。日本政府による改正案作成は、入江俊郎法制局次長と佐藤達夫法制局第一部長が、総理官邸の放送室をつかって極秘裏に二月二十六日からはじめ、三月二日に完成する。GHQ案そのままではなく、日本側の考え方が盛り込まれました。政府が「憲法改正草案要綱」として発表したのが三月六日のこと。同時にマッカーサーが、政府の「要綱」を承認すると声明を出しています。

四月十日には、戦後初の衆議院議員総選挙が行われています。その翌月に幣原喜重郎内閣から吉田茂内閣に変わりました。そこで重要なことは、吉田内閣は帝国憲法改正委員会というものをつくって、一条ずつ丁寧に審議し、各条文に修正を加えていったという事実です。そしてもうひとつつけ加えるなら、金森徳次郎がこうした新しい憲法をつくる動きに全面的に納得して、その内容について賛成する原稿を朝日新聞に書いています。吉田はすぐに金森に連絡をとって、憲法問題の大臣ポストをつくるからと、就任を要請していますよね。金森は昭和十年頃の、美濃部達吉の天皇機関説がさわがれたときの法制局長官でした。この一件で辞めたのですが、吉田は金森に協力を仰ぎたかったわけですね。こういう事情も知っておくべきでしょう。

半藤　もうひとつ重要なことがあります。四月の総選挙では、選挙制度が変わって女性の参政権（選挙権・被選挙権）が認められました。つまり男だけが選んだ戦前からの代議士が改正案を検討したのではなく、男も女もいっしょになって戦後日本の国民が選んだいわゆる選良たちが、揉みに揉んだ。憲法担当の国務大臣金森徳次郎が答弁に立つこと、じつに一千三百六十五回ですよ。それほどたくさん答弁に立って、あらゆる細かい質問に対しても丁寧に答えて議論を尽くした。東大総長だった南原繁は、国連中心主義の立場から九条反対の論を張って、それでも金森さんが押し返して……などということもありました。

保阪　議会で吉田首相が、「自衛権の発動としての戦争も、また交戦権も放棄する」と表明したのに対して、日本共産党の野坂参三は強く九条反対を唱えましたね。「自衛権を放棄すれば民族の独立を危くする」と言って。このとき吉田は、満州事変や太平洋戦争を具体的に例にあげて「戦争の多くは国家防衛権の名において戦われたものである」と反論している。

半藤　と、いう具合に、激しい討議を山ほど経て、それでできた上がった憲法なんですよ。それをマッカーサーのおしつけ憲法だ、けしからんからぜんぶダメだなどというのは、当時の日本国民を馬鹿にしているとしか思えない。

保阪　まったく失礼な話です。いやもっと強調するなら、そんなことを言う人に憲法改正など口にしてほしくない。先達への畏敬の念がなさすぎる。

菅原文太に話した挿話

半藤　ちょうど押しつけ憲法論がかまびすしく語られていた頃、俳優の菅原文太さんに呼ばれまして、憲法についてレクチャーしたことがあるんです。たしか、小学館のPR雑誌「本の窓」だったと思います（菅原文太連載対談「外野の直言、在野の直感」に「押し付け憲法論に物申す」として掲載された）。

そのとき、日本国憲法は決して押しつけ憲法じゃないということを説明するためにずいぶん準備して行きました。なかでも九条ができた経緯は、文太さん、とてもおもしろがって聞いてくれました。九条はアメリカが出して来た案を、日本がそっくりそのままいただいたというわけでは決してなかった。いかに日本人が一生懸命考えたか、というエピソードです。

GHQの原案はこうでした。

「国民の一主権としての戦争は之を廃止す。他の国民との紛争解決の手段としての武力の威嚇又は使用は永久に之を廃棄す。

陸軍、海軍、空軍又は其の他の戦力は決して許諾せらるること無かるべく、又交戦状態の権利は決して国家に授与せらるること無かるべし」

いいですか、日本の憲法九条にはそのままそっくり書いてないのです。似ていますが当時の日本人の心をこめて直している。長い議論の末に、でき上がったのがつぎの条文です。

「第一項　日本国民は、正義と秩序を基調とする国際平和を誠実に希求し、国権の発動たる戦争と、武力による威嚇又は武力の行使は、国際紛争を解決する手段としては、永久にこれを放棄する。

第二項　前項の目的を達するため、陸海空軍その他の戦力は、これを保持しない。国の交戦権は、これを認めない」

つまり第一項の冒頭に「日本国民は、正義と秩序を基調とする国際平和を誠実に希求し」という文章を入れた。たった一行ではあるけれど、各委員の意見を集約してこの文言となった。で、そのあとの「国権の発動たる戦争と……」という文章につながる。こっちの文章は、GHQ原案の「国民の一主権と戦争は之を廃止す。他の国民との紛争解決の手段としての武力の威嚇又は使用は永久に之を廃棄す」というのをきちんとした日本語に手直しした文章でした。

第二項の「前項の目的を達するために……」というのは、GHQ案にはありません。これは芦田委員長が、もっと明快に戦争放棄を示すべく一項、二項双方ともに国際平和を念願しているということを書きたいが、重複するようなきらいがあるからと、「前項の目的を達するため」をわざわざ付け加えたんです。この短い文章にも敗戦当時の日本人の思いがこめられている。

と、いうくらい、考えに考え、議論に議論を重ねて練り上げた文章でした。当時の政府も議員も一生懸命考えた。それを押しつけだなんてとんでもない。九条には日本人が、日本人の意思をはっきりと打ち出したのだ、という話しを、萱原文太氏にしゃべったことを、なつかしく思い出しました。ちなみにこれを審議したのは、昭和二十一年（一九四六）の七月から八月にかけて開かれた小委員会。芦田均が委員長でした。

そうそう、思い出した。文太さんはあのとき、幣原喜重郎が戦争放棄は自分の発案だったと言わなかったことについて、「当時は被占領国家だから、幣原さんにすれば、自分が一歩退いてマッカーサーの手柄にしてやったほうがスムーズにいくという判断だったんじゃないのかなあ」と言っておられましたなあ。「幣原さんは信念の人でありながら謙譲の人であったというから」と。いま思い返すとそうかもしれないと思いますね。

いずれにしても、敗戦直後の日本国民がいかに平和を希求しているか、そのことを世界に示したい。これこそが日本人の願いであり主張だった。それで議論をしつくした。そのことをいまの日本人はもっと知ったほうがいいです。

保阪　押しつけ憲法、あるいは占領憲法、マッカーサー憲法と謗《そし》る人たちの誤ちはなにかというと、くり返しますが、それは歴史への冒瀆だとぼくは思っています。幣原内閣、吉田内閣の閣僚たち、憲法問題調査委員会に協力した学者たち、法制局、外務省の職員など、さらに国会議員や手弁当で活動した憲法研究グループの多くの日本人が現在の憲法を生み出すためにどれほどの努力をしたのか、そのことを知ろうともしない。たんにマッカーサーの占領時代につくられたという目先の現象だけを論じる姿勢は、あの戦争がいったい何であったのかを、まったく捉えていないことの証左だと思います。

五十年前の憲法大論争

保阪　長い占領と吉田茂の時代が終わって、首相となった鳩山一郎が立ち上げようとしたのが憲法調査会でした。

半藤　鳩山内閣（昭和二十九年十二月〜昭和三十一年十二月）の二枚看板は、たしか「日ソ国交回復」と「憲法改正」でしたね。

保阪　そうなんです。サンフランシスコ講和条約が発効されて独立を回復してから四年、このとき自民党の幹事長だった岸信介ら六十人の議員が、憲法改正を目標に、内閣のなかに憲法調査会を設置する法案を提出する。これを受けて昭和三十一年（一九五六）三月十六日に「第二十四回国会　衆議院内閣委員会公聴会」が開かれました。

十年ほど前、この議事録がおもしろいので本にしたいから解説を書いてほしいと、親しい編集者から頼まれまして、引き受けることにしました（『50年前の憲法大論争』二〇〇七年刊／講談社現代新書）。時代を読む編集者の眼力に驚きました。

半藤　昭和三十一年という年は年表で見ると……、なになに、「もはや戦後ではない」という有名なフレーズが「経済白書」に発表された年。前年に芥川賞を受賞した『太陽の季節』が映画化された年か。その公聴会にはどういう面々が登場したのですか？

保阪　いまから見ると、議員も公述人もオールスターキャストなんです。公述人は三人。国際政治学者の神川彦松（東大名誉教授）、政治学者の中村哲（法政大学教授）、法社会学者で弁護士の戒能通孝（都立大学教授）。質問に立った議員は、自民党と社会党からそれぞれ四人ずつ。自民党からは山崎巌（戦前の内務官僚）、眞崎勝次（元海軍少将）、辻政信（元陸軍参謀）、大坪保雄（戦前の内務官僚）。社会党からは石橋政嗣（のちの委員長）、片島港（戦前からの労働運動家）、飛鳥田一雄（のちの委員長）、茜ケ久保重光（戦前からの労働運動家）。

半藤　たしかに昭和史の有名人ばかりですね。

保阪　このとき神川彦松が「押しつけ憲法」、「占領憲法」論を主張したのに対して、中村哲、飛鳥田が反論しています。

半藤　昭和三十一年時点で「押しつけ憲法」、「占領憲法」論があったんですね。

保阪　そうなんです。それは占領下というだけの意味のように思います。それはともかく昭和三十一年段階で論じられている論点がいまなお生き続けている。

半藤　そうはおっしゃいますが、このごろ改憲論者のみなさん、あんまり声高には、押しつけ憲法って言わなくなったんじゃないですか。

保阪　「押しつけ憲法論」は吉田茂に、あるいは昭和天皇にたいしても、無礼きわまりない態度だということが、かれらにも少しずつわかってきたのか。
半藤　いくらか利口になったんですかね。歴史を勉強したんですかね。
保阪　ということは、逆に言えばそれだけ改憲派の幅が拡がっているということなのかもしれません。だとすれば、やはりそろそろ護憲・改憲の枠組みでの議論はやめにしたほうがいいように思います。何度も言いますが、百年もたすかどうか、それを論点のなかに持ち込んだほうがいいですね。あるところでそれをしゃべったら、「護憲でも改憲でもない、それ、なんて言うんですか」と聞かれたので、ぼくは「持憲と言うんだよ」、と答えたのですがね（笑）。
半藤　「改憲」「護憲」に対して「持憲」ねえ。「保持憲」じゃ、ちょっとばかり語呂がわるいか（笑）。
保阪　いずれにしても、改憲も護憲も根っこは昭和三十一年にあり。あのときすべて議論の種が撒《ま》かれています。手を替え品を替え、これまで語られてきましたが、論理は何年たってもおなじだったということがわかった。片方が平和憲法と言うし、もう片方は占領憲法と言う。そのくり返しなんです。

世論調査のトリックとヒトラーの手口

半藤　しかしいま、護憲か改憲かを問われたとき、各種世論調査では憲法改正賛成の割合が増えているらしいですね。

保阪　設問による誘導もあるのではないでしょうか。調査発表のメディア、とくに新聞社によって数値にちがいが見えます。世論調査は無作為に二千ほどの電話番号を抽出して、そこに電話しておなじ質問をする。近ごろ気になっているのは、その有効回答率が低くなってきたことです。以前は六割前後あったと思うのですが、平成二十七年（二〇一五）の集団的自衛権行使容認・安全保障関連法の成立以後、急速に下がり、五割前後にまで落ちることが多くなった。

回答しない理由はさまざまでしょうが、政治や政党のことを話題にもしたくないという人が増えているのかも知れません。有効回答のなかで支持する人の割合をカウントするのですが、五〇パーセントが支持したとしても有効回答率五割だったら、支持の実数では全体の二十五パーセントになります。

半藤　なるほどね。有効回答率という母数が小さければ、結果としてのパーセンテージはかならずしも実態を反映したものとは言えない、ということか。とは言うものの、パーセンテージはともあれ改憲に抵抗が薄れているというのはたしかなのではないですか。憲法には時勢に合わないところ、足りないところがあるから手を入れるのは当たり前だと、多くの日本人が思わされているようなところがある。環境問題をなんとかしなきゃいけないとか、家族が仲よく助け合わなければいけません、だから改憲しましょう、などと言われたらあまりにも常識的で反対するのがむつかしくなり、多くの国民が賛成しますな。わたしみたいな持憲派は、政府のそんな宣伝文句に騙されてはいかん、と思っていますがね。

保阪　いっぽうで安倍さんは、自民党の改憲草案のとおりに改正するのは当面無理だと考えた。なにしろ時間がかかる。そこで、解釈改憲で乗り切ろうとした。集団的自衛権行使容認の解釈改憲で憲法を骨抜きにしていこうという、歴代内閣が考えもしなかったような乱暴なことを平気でやったわけです。安保関連法案（政府は「平和安全法制関連法案」と呼んだ）がまさにそれ。このままいけば、安倍内閣は最終的になにをやるかわかりません。政治的自制心はなく、計算だけですからね。国民の反応が弱ければなんでもやってしまうでしょう。
半藤　たしかに最終的になにをやるかわからない。恐らく「安倍の参謀本部」はスケジュール表を作って、その通りに進めるつもりでしょう。で思い出すのが副総理兼財務大臣、麻生太郎の迷言です。

「（憲法改正は）静かにやろうや、と。憲法はある日気づいたら、ワイマール憲法が変わって、ナチス憲法に変わっていたんですよ。だれも気づかないで変わった。あの手口に学んだらどうかね」

と、いう例の発言。あのときからすでにかれらの悪巧みは始まっていたんですよ。
保阪　三、四年ほど前の発言ですね。
半藤　平成二十五年（二〇一三）七月のことです。「ナチス憲法」なんて、ありもしないものを口にしたものだから、新聞もテレビもマスコミは、かれの歴史の無知をからかっただけですましてしまった。じつはすでにこのころから安倍、麻生らの権力者グループは、つまり「安倍の参謀本部」は、いかに憲法を骨抜きにするか、策を練っていたのでしょう。その密議のなかで、ナチスのこうした水際立った手法が話題になっていたのだと思います。

保阪　それを聞きかじった麻生大臣が、一知半解でポロッとしゃべってしまったというわけですね。

半藤　入れ知恵したのは、亡くなった方なので申し訳ないけど、おそらく元外交官の岡崎久彦氏でしょうね（元安保法制懇談会のメンバー・安倍晋三のブレーン）。わたし、かれとはなんべんも対談をしているんです。あるときかれがナチスのことをずいぶんと褒め讃えたことがありましてね。やたらと詳しいのがどうも引っかかった。そのときわたしはまだナチスの勉強をそれほど詳しくはしておりませんで、そののちに知ったことですが、大事なことなのでお話しておきます。ちょっと長くなります。

保阪　いや要《かなめ》になる重要な話です。

半藤　一九三二年（昭和七）七月の総選挙で第一党となったナチスのヒトラーは、さらに党勢を拡大しようと十一月にも総選挙をおこないます。結果は、かろうじて第一党を維持したものの、ここで議席を減らしてしまいます。このときナチスにかわって躍進したのがドイツ共産党でした。

　これに危機感を抱いたのが、ドイツの右派勢力。ロシアにつづいて革命など起こされてはかなわないと思ったのでしょう。共産勢力に対抗するため、ナチス支援を打ち出した。経済界もまたこれに呼応するんです。かれらに押されて翌一九三三年（昭和八）一月、ついにヒトラーは首相に任命される。ヒトラーが悲願としたのが、「全権委任法」の成立でした。しかしこの法律は憲法改正を必要としていましたので、そう簡単にはいきません。ナチスは第一党の議席を得ていましたが、憲法改正に必要な三分の二議席には足りないんです。そこでまたまた議会を解散して総選挙に打って出た。

一九三三年二月二十七日。総選挙投票日の六日前という絶妙のタイミングで、国会議事堂が放火されて焼け落ちた。首相ヒトラーは、即座にこの犯行を共産主義者によるテロだと断定しました。間髪いれず翌日に閣議決定を経て、老体のヒンデンブルク大統領に強引に認めさせ発効されたのが「大統領緊急令」です。正確には、「ドイツ民族に対する裏切りと反逆的陰謀を取り締まるための大統領緊急令」。つまりヒトラーは、ワイマール憲法にある「非常時には大統領が国民の基本権を無効にできる」という規定を巧みに利用したというわけ。では、「大統領緊急令」によってなにが起きたか。

まず集会、新聞発行、表現の自由が制約された。官憲による通信の検閲がはじまり、家宅捜索、財産制限および没収が可能になった。つまり憲法で保証されていた人びとの権利が一瞬にして奪い取られたのです。同時にドイツ共産党の幹部がつぎつぎ逮捕され、機関誌の発行を禁止された。ドイツ社会民主党も、同様の攻撃を政府やナチスの実力部隊から受けます。これがはげしい暴力をともなって行われました。しかもこれ、合法です。ついで、労働組合も同様に攻撃を受けました。

そうして迎えた三月五日の総選挙、ここまでしてもナチ党は過半数をとれません。そこでただちにヒトラーがやったのが、さっきの「大統領緊急令」を使っての共産党の非合法化でした。当選してきた共産党の議席をことごとく抹消したので、母数としての総議席数が減る。それでようやくナチスは過半数を占めることになったのです。さらにドイツ国家人民党を抱き込み、その他の中道政党の賛成も取りつけて、三分の二の票を確保した上で、ついに悲願の「全権委任法」を成立させた。つまりこの法律の成立は、「大統領緊急令」があればこそでした。そして全権委任法は、「政府のつくる法律は憲法に違反できる」という条文を含めてたったの五か条です。ヒトラーは、これ以降、いっさいの制約なしに何でもかんでもやれることになる。「大統領緊急令」というもの凄い法律が巧みにつくられたわけですよね。ようするに岡崎氏は、「だれも気づかないで」「静かに」変わった、あの閣議決定の方法を真似しろと知恵を授けたのだと推理するわけですよ。

保阪　まさにナチスは合法的に、あっという間に、そして静かにやった。麻生の「憲法改正は静かにやろうや」とはそういうことだったのですね。

半藤　ワイマール憲法のなかの「大統領緊急令」という条文をヒトラーは最大限に利用した。しかも、閣議決定で決めたんですよ。緊急事態と言ったって、国会が燃えただけなんですがね。

保阪　ヒトラーはそれを緊急事態ととらえて、一気呵成に……。

閣議決定という手段

半藤　くり返しますが、いまの日本人に覚えておいてほしいのは、ナチスの「大統領緊急令」は、議会での議決なしに、閣議決定だけによって発効された、という厳然たる事実です。閣議決定というものは、本来、政府内の意思統一にすぎない。閣議決定ですべてを決めてしまうなどというような乱暴なやり方は、憲法上あり得ないことなんです。ところが安倍内閣は、いま平気でそれをやっている。集団的自衛権の行使を容認する憲法解釈の変更も閣議決定じゃないですか。歴代内閣が踏襲してきた憲法解釈を閣議決定だけでやってしまって、それに基づく安保法案を国会で無理やり通してしまいました。

自民党が圧倒的な議席数をもっているから、あとは流れ作業のように自動的に議決されてしまう。大臣が答弁できなくても、法案の矛盾を指摘され解決できなくても、自民党員らは安倍首相の意思を〝忖度〟して、おかしいと思っても反対なんかしませんよ。

朝日新聞の記事データベースで「閣議決定」を検索すると、二〇〇六年の第一次安倍内閣の二年半は約一三〇〇件。第三次安倍内閣の二年半では約二二〇〇件と倍近いことを、朝日新聞が報じた（二〇一七年六月十一日朝刊）。

保阪　ひどいことになっています。民進党などの臨時国会の召集要求は無視する。国権の最高機関は国会のはずなのに、安倍内閣の国会軽視はあからさまです。立法府はどうなっているのか。そういえば、行政府の長たる安倍さんは、自身を立法府の長だと、発言したことがあります。あれは、今の半藤さんの指摘したことを、どれだけの人が気づいているか、安倍さんみずからが発したシグナルのようだともいえますね。
半藤　いやはや、由々しき事態、と思うのですがね。いつのまにか三権分立がなくなってしまった。しかしだれも大きな声でそれを言いませんねえ。
保阪　ですから半藤さんが言ってくれなきゃダメですよ。それをもとにそれぞれが今の状況に気づくべきです。
半藤　敵はさるもので、新聞をふくめてこちらのほうがよほど劣勢にある。麻生発言の当時、新聞やメディアはナチスの全権委任法が連想されることについては書きましたが、その前に大事な一手、「大統領緊急令」で反対する勢力を合法的に徹底的にたたくという手口があったということに気づかなかった。
　これから安倍内閣がやろうとしているのは安倍さん自身が考え出したことではないかもしれないが、しかし安倍さんを囲んでいる人たち、つまり「参謀本部」はそれこそナチスの手口を十分に学んでいる。それにもとづいて集団的自衛権に始まってスケジュールを決めている。かれらがやろうとしていることは、かなり危険なことなんじゃないか、と思うんです。

麻生太郎副総理兼財務大臣は二〇一七年八月二十九日、自民党の研修会で「(政治家になる)動機は問わない。結果が大事だ。何百万人も殺しちゃったヒトラーは、いくら動機が正しくてもダメなんだ」とまたもナチスに言及。意味不明だが、ユダヤ人虐殺に正当な動機があったとの主張とも取られかねないと批判を浴びた。翌日発言を撤回。

第五話　九条を明日につなげるために

安倍総理は戦後全否定か

半藤　安倍さんが好んでよく使う言葉に「戦後レジームからの脱却」というのがありますね。一般的に「戦後レジーム」、つまり戦後体制というのは第二次世界大戦後に確立された「ヤルタ・ポツダム体制」のことを言いますが、安倍さんにとっての「戦後レジーム」はそうでないことはたしかです。なぜか。それをしゃべる前に、ここで歴史社会学者の小熊英二氏の文章をちょっと紹介したい。朝日新聞の論壇時評です（二〇一七年六月二十九日朝刊に掲載）。なるほどそのとおりだと、感心して読んだんです。

日本以外の国では「戦後」というのは戦争が終わってからだいたい十年くらいを指していて、日本でもその頃に「もやは戦後ではない」という言葉が広まりました。ところがわたしたちは、いまだに「戦後何年」と言いつづけていますよね。なぜかというと小熊氏は、「戦後×年」とは、「『日本国』建国×年」の代用だからである、と言う。

小熊英二

昭和三十七年（一九六二）東京生まれ。東大農学部卒業。慶応大学教授。著書に『〈民主〉と〈愛国〉』『単一民族神話の起源』『1968（上下）』など。

保阪　その指摘、ぼくも納得しました。半藤さんと以前に、「戦後」は今や「元号」と化していると話したこともありましたし……。歴史上で検証すると、第二次世界大戦後に名実ともに建国されたのは、東アジアで上げるなら中華人民共和国、大韓民国、朝鮮民主主義人民共和国、インドネシア共和国……、こうした国々は、いずれも体制変更があって「建国何年」と数えています。

半藤　では、日本はどうか。「大日本帝国」が滅んで「日本国」が建国されたと言えるほどの体制変更があったにもかかわらず、政府はその体制変更から数えて「『日本国』建国×年」と呼ぶことはしなかった、と小熊氏は言う。「そのため自然発生的に、『建国×年』に代えて『戦後×年』と言うようになった。だから戦争から何年たっても、『日本国』が続く限り『戦後』と呼ばれるのだ」とね。

保阪　戦争に敗けても国体が維持された、つまり天皇制が守られた。そこは大きかったのかもしれませんね。国体について、吉田茂は自著、『回想十年』のなかでこう述べています。

「日本の憲法は（編註：大日本帝国憲法のこと）五カ条の御誓文から出発したものといってもいいのであるが、この御誓文を見ても、日本は民主主義の国である。ゆえに民主主義は新憲法によってはじめて取り入れられたものではない。憲法と皇室との関係についても、皇室の存在は、日本国民の間に自然に発生した国体そのもののなかにあり、君と臣との間に相対立した関係のないことはもちろんであって、いわゆる君臣一家である。国体は新憲法によって何ら変更されない」

もともと近代日本は民主主義であったし、国体はそのまま維持されたのだ、と、吉田茂もそういう認識でした。

半藤　そうなんです。日本人はポツダム宣言を受諾して戦争が終結すると、大日本帝国憲法を捨てて日本国憲法を生み出したわけですが、はたしてそれは、新しい国をつくったわけではなく昔の日本を手直ししただけだったのか。新たな「建国」ではなく「移行」だったのか。このあたりの評価は非常に難しいところです。ちなみに小熊氏はどうかというと、「『建国』に相当するほどの体制変更があったことは疑えない」と断言。かれは『建国』派です。では、いったいどうなったら「戦後」は終わるのか。小熊さんはこう言う。そのまま引きます。

「それは『日本国』が終わる時だ。

戦後憲法体制は、国民主権・基本的人権の尊重・平和主義を三大原則としている。それを変えるほどの体制変更があれば、体制としての『日本国』は終わり、『戦後』も終わる。例えば天皇主権、言論・出版の制限、平和主義の放棄などを改憲によって国家原則にすれば、『日本国』と『戦後』は終わるだろう」

これにはわたしも同感なんです。しかし、そんなふうに『戦後』を終らせることには猛反対します。で、話は安倍さんに戻る。わたしの見立てをしゃべります。

安倍さんの言う、「戦後レジームからの脱却」というのは、要するに「日本国憲法からの脱却」なのではないか。だとすると、国民主権と、基本的人権の尊重と、平和主義の三大原則を捨てることになる。やっぱり安倍さんの考えている新しい憲法というのは、枠組みからしてまったく違うものなんじゃないでしょうか。あるいは彼自身はそう吼えているだけで、実はなにも具体的には考えていないのか。

保阪　安倍さん、天皇にも尊崇の念などなさそうです。象徴天皇ではなくて、もしや共和政体にちかいものを考えているのか、と言いたくもなります。

半藤　少なくとも国民主権なんてことはアタマにないですね。

保阪　いまは、保守と革新と言うイデオロギー対立の構図がなくなりました。小さくリベラルがあるものの、大きな図式としては保守と右翼と極右というような按配になっています。

半藤　小熊さんはその点についても触れていて、「強力な『反体制』勢力は、戦後体制を認めない右派」と指摘しています。そのわかりやすい例として引いているのが一九七八年にA級戦犯を合祀した松平永芳靖国神社宮司の発言です。

「現行憲法の否定はわれわれの願うところだが、その前には極東軍事裁判がある。この根源をたたいてしまおうという意図のもとに、〝A級戦犯〟一四柱を新たに祭神とした」（西法太郎「『A級戦犯靖国合祀』松平永芳の孤独」『新潮45』／二〇一四年八月号）

この発言から読みとるべきは、明確なる戦後秩序への「反体制」の表明だ、と小熊氏は言う。

保阪　そういう意味では、保守、右翼、極右という尺度で見ていくと、自民党の改憲草案はまだ右翼で、極右まではいっていません。

半藤　たしかに右翼的だが極右ではないですね。さきほどわたし、安倍さんの「戦後レジームからの脱却」は、要するに「日本国憲法からの脱却」なのではないかと言いましたが、ことによるともしかしたら、戦後日本全否定じゃなかろうか、と。だとすると、自民党の草案は戦後の流れを一応は汲んでいるものですから、やはりこれを、かれは認めないのだと思いますね。

保阪　安倍さんの「戦後レジームからの脱却」は単に戦後の全否定じゃありませんよ。江戸時代からの歴史体系の否定です。というのは、私たちの国は江戸時代の二百七十年近く、ただの一回も対外戦争を行っていない。戦うべき集団は戦闘のエネルギーを抑制した文化や倫理に変えたのです。庶民は戦争という現象をまったく知りません。その言葉の意味もわからない。ところが近代日本はこの現象を逆手にとって軍事力で事を進めた。

江戸時代の庶民の間にある不戦の心情は歴史の中に潜在化していたのです。それが戦後になって憲法九条という形で浮上してきた。「戦後レジームからの脱脚」とは、それをまたつぶそうとする反歴史的なスローガンだというべきです。

井上達夫氏の九条削除論

半藤　今回の対談に当たって、わたしたちは憲法改正についての何人かの提言を読んで参りました。そのうちのひとつが、井上達夫氏の「憲法から九条を削除せよ」（『文藝春秋スペシャル』二〇一五年秋号）です。

これをわたし、興味深く読みました。感想を述べる前にざっと論旨を紹介します。

井上氏は持論として「九条削除論」を唱えてきた。しかしこの方、改憲派でも自衛隊強化論者でもないんです。改憲、護憲双方を批判している。改憲派への批判のポイントは、今回我われの議論の俎上にも上がった「押しつけ憲法」論です。改憲派も、農地改革はじめ自分たちに都合のいいものは歓迎してきたではないか、と。自主憲法の成立を唱えながら、じっさいには自分たちの意に添わない政策を変更したいだけだ、というわけです。「あまりにもご都合主義的」と批判する。重ねてこうも言う。改憲派が求めるように九条が改正されれば、アメリカへの軍事協力がもっとやりやすくなるが、そうなれば対米従属は強まるばかり。「主体性の回復」という主張とは正反対の選択となる、と。

改憲派が「政治的欺瞞」とすれば、いっぽうの護憲派は「憲法論的欺瞞」だと井上氏は言っています。

その護憲派には二派あって、ひとつは原理主義的護憲派。「自衛隊と日米安保は存在自体が違憲」という立場の人たちです。かれらは、「専守防衛の自衛隊は違憲だけど必要だから、違憲の烙印を押し続けながら存在させよう、と。要するに、違憲状態の固定化を望んでいる」とする。もうひとつが、「専守防衛であれば自衛隊も安保も合憲である」という修正主義的護憲派。歴代の内閣法制局の見解とおなじ立場の人たちです。衆議院憲法審査会のメンバー長谷部恭男氏がこれに当たりますが、ごぞんじのように長谷部氏は、自分たちの解釈は正当で、「集団的自衛権行使は解釈改憲だ」と批判しています。井上氏はこれを批判する。「専守防衛の範囲なら」という内閣法制局の見解自体、すでに解釈改憲そのものである、と。「つまり、修正主義的護憲派は、自分たちがすでに解釈改憲を行っていながら、違った意見を持つ安倍政権にはそれを許さないと主張している。ダブル・スタンダード以外のなにものでもない」というわけです。

では、なぜ井上氏は九条の削除を主張するのか。

かれは、憲法を「法の支配と民主主義を保障する原理」と捉えているからなんです。それゆえに、ということなのでしょう。「財政や社会保障などの政策は、憲法自体が先決するのではなく、憲法に従った民主的プロセスによって決定されます。それなのに、なぜ安全保障だけが民主的プロセスに任されず、憲法九条によって先決されているのでしょうか」と問題提起している。理屈はこうです。

「国際状況は予測不可能な仕方で激変します。専守防衛を維持したほうがいいのか、集団的安全保障までは認めるのか、集団的自衛権にまで踏み出すのか、どれが今後の日本にとって最適なのかは、誰にも確言はできない。そうしたなかで、ある特定の安全保障観を、憲法によって固定化してしまうことの方がよほど問題ではないでしょうか」

この提言を読んでずいぶんとアタマが整理されたし、なるほど、とも思いました。ですが、わたしはそれでもやっぱり九条削除には反対なんです。たしかにおっしゃるとおり安全保障をめぐる国際環境は時代によって変わるでしょう。しかしわたしたち日本人はあの戦争に敗れたとき、国家権力に交戦権を与えないと決めた。それが九条なんです。三月十日の空襲の、焼け跡に立って、坂口安吾の言葉をかりれば「ちょうど一皿の焼き鳥のように盛られ並べられている」（『白痴』より）かず知れない焼死体をながめながら、なんでこの人たち死んじゃったのかと悲嘆にくれた、大人も子供も赤ちゃんもいた、あの記憶がわたしの心のなかには深く刻まれている。政治状況によって仮に安全保障政策と憲法との整合性があやしくなっても、それでもなお、この決意は、降ろしてはいけないと、わたしは思います。憲法の「前文」の「政府の行為によつて再び戦争の惨禍が起ることのないやうにすることを決意し」とあるこの「決意」は、死んでからでも変わりません。

井上達夫

昭和二十九年（一九五四）大阪生まれ。東大法学部卒業。東大大学院教授。著書に『リベラルのことは嫌いでも、リベラリズムは嫌いにならないでください』『自由の秩序』『現代の貧困』『世界正義論』など。

「消極的正戦論」批判

半藤　つづけます。戦争に対する考え方は、井上氏の分類によると、絶対平和主義、諦観的平和主義、無差別戦争観、積極的正戦論。そしてもうひとつ、消極的正戦論。井上氏自身は五つ目の消極的正戦論だと言う。この立場は、正当な戦争原因を自衛に限るというもので、しかも「安全保障体制のあり方は憲法でなく民主的立法で決定し、憲法は『もし戦力を保有するなら徴兵制を採用し、良心的拒否権を保障すべし』という条件付け制約を課すべき」と主張しておられる。

保阪　ここがぼくには引っかかる。「良心的拒否権を保障すべし」とおっしゃいますが、日本人はそれを許しませんね。そんなことが可能ですか。この国はそれほど個人が自立していますか。私は井上氏の論文を読んで、ああ頭で考えてるな、皮膚感覚で九条を論じることができないのだな、と嫌な感じになりました。

半藤　その点はわたしも同感です。もしそれが日本人にできたなら、わたしたちはもう少し余裕をもって憲法を論じられますよ、正直言って。

保阪　もしぼくが徴兵されて、それを拒否したとする。井上氏が主張するように「厳しい代替的役務を課す」としたところで、兵役を拒否したらこの社会で生きていけないです。そこまでこの国の民主主義体制はできあがっていません。

半藤　ですからこの文章はあまりにも良心的な文章である、と（笑）。

保阪　戦争中、関東地方のある県で暮らしていたあるプロレタリア作家が、徴兵逃れを企んで戸籍を消したんです。死んだことにして葬式も行ったそうです。そして戦争が終わって姿をあらわすと、近所からは総スカン。地域社会ではのけ者になってしまい、家族はたいへんな苦労をすることになった。父親のことをその息子がいわく、「死ぬなら本当に死んでくれればよかった」。

この国の地域共同体というのは「良心的兵役拒否」が通じるような社会じゃないんです。良心的拒否権の行使を阻む最大の理由は、そんな不公平は許されないといった類いの、非常に情緒的な感情なのだと思う。国のために死地に赴く者がいるのになんでお前は、と憤るような感情が反射的に生まれるのではないか。

半藤　戦時下の日本には軍国大人ばかりがいました。ですから、井上氏の「消極的正戦論」、論理的にはありかと思いましたけど、やはり現実的にはありえませんね。それに、正直言ってわたし自身は、どうしても絶対的平和主義までは踏み切れないんです。と言って、諦観的平和主義の「不正な平和でも、戦争よりはまし」というわけにもいかないなあ、と思う。わたしはもうひとつ、曖昧平和主義だ（笑）。

保阪　同感です。曖昧模糊平和主義ですね。ぼくはこの分類を読んで、ふと、ある著名人から無抵抗・非暴力を貫く絶対平和主義の境地に達していると聞かされたことを思いだしました。ぼくは、自衛権の行使ということが完全に無いとは言えないと思うから、かならずしも絶対平和主義がいいとは思わない。

半藤　しかし九条は、やっぱり政府の誤った判断によって戦争をふたたび起こさせないということを、我われ国民が確保するための大事なもの。だからあのまま残しておいたほうがいいとわたしは思う。三百十万人の犠牲者のおかげで国民が選びとったこと、決めたことなんですから。

保阪　命の保障なんです。

半藤　政府が勝手に決めたことによって、いわんや軍隊が勝手に行動を起こすことによって、ふたたび戦争の惨禍を起こすようなことは、もう金輪際しませんと全世界に約束したんですよ。ですから井上さんの主張する、九条削除という選択はありえないなとわたしは改めて思いました。

保阪　ところで井上さんは何歳ですか？　ああ、昭和二十九年（一九五四）生まれですか。東大法学部を出て東大大学院で法学政治学の教授をしておられるんですね。この方はたいへんな量の法知識をもっておられるだろうし、この論考について半藤さんもアタマの整理になったとおっしゃった。しかしお言葉を返すようで恐縮ですが、くり返しますが、わたしはこれを読んでいて、はなはだ現実離れをしているなあ、と思いました。

憲法学者の石川健治氏は井上氏よりさらに若い昭和三十七年（一九六二）生まれですが、

「9条　立憲主義のピース」（「朝日新聞」二〇一六年五月三日朝刊）のなかで、こんなことを言っています。

「改憲を唱える人たちは、憲法を軽視するスタイルが身についている。加えて、本来まともだったはずの論者からも、いかにも『軽い』改憲発言が繰り出される傾向も目立つ。実際には全く論点にもなっていない、9条削除論を提唱してかきまわしてみたりするのは、その一例である」

名指しこそ避けているけれど、井上氏の論考は、まさにその「九条削除論」なんです。

一般的に、九条をなくしたい人たちは「ある日、他国から突然攻められたらどうするんだ」というようなことを平気で言いますが、ある日他国が突然攻めてくる、などという仮定は成り立ちません。つまり戦争にはプロセスがあるんです。敵対関係から貿易の断交となり、国交断絶へ至る。そして軍が前面に出て来て戦争が始まるまで、そこには十何段階ものプロセスと時間の累積がある。今日から明日にかけて一気に戦争まで進むということはあり得ない。もし戦争にいたるとしたら、それは政治の失敗の結果なんです。政治が最初から戦争を目指すのであればその質問は成り立つけれど、そうでないかぎり成り立たない。九条不要を唱える人の説明には、ぼくにとって理解できるような説明がない、というのが正直なところなんです。

石川健治
昭和三十七年（一九六二）、東大法学部卒業。東大大学院教授。『自由と特権の距離』『学問／政治／憲法』など。

柄谷行人氏の九条論

保阪　そこで柄谷行人氏の憲法論のエッセンスを紹介させてください。かれは九条がなぜ残ってきたのか、そのことに注目して独自の論を展開しています（『憲法の無意識』二〇一六年四月刊／岩波新書）。憲法九条が残ったのは、それを人々が意識的に守ってきたからではなく、むしろ無意識の問題だと言う。「無意識は、意識とは異なり、説得や宣伝によって操作することができないもの」である、と。さらには……

「憲法九条は、日本人の集団的な超自我であり、『文化』です。（中略）つまり、それは家庭や学校、メディアその他で直接に、正面から伝達されるようなものでなく、いつのまにか知らぬ間に（背中から）伝えられるのです。だから、それは世代の差を超えて伝わる。それは、意識的に伝えることができないのと同様に、意識的に取り除くこともできません」

なるほどなあ、と思いました。九条の先行形態については、パリ不戦条約に加えて、かれはつぎのように、カントの思想（『永遠平和のために』／一七九五年）もあげています。

「憲法九条は『前文』にあるように、国際連合（一九四五年）を前提とするものですが、それもカント的な理念にもとづいています。しかし、九条は日本人にとって、まったく外来のものというわけではありません。ある意味でそれは『徳川の平和』にあったものです」

我われの第二話「近代日本と軍事」の議論ともおおいに関連しますが、明治維新によってスタートした日本の近代は〝徳川の平和〟を破ってたどってきた道筋です。だから「敗戦が日本人にもたらしたのは、明治維新以降日本が目指してきたことの総体に対する悔恨です」と柄谷氏は言う。この洞察も、ぼくはたいへん興味深く読みました。同時に柄谷理論がもつ、この国の根っこの部分（戦争に距離を置く思想）の意味を考えたいと思う。ぼくは柄谷氏を世界的な思想家・哲学者と思っている。かれの憲法論は国際社会に有効に発せられているといっていい。九条は近代日本人の霊魂ではないか、と話し合ったことがあるんですが、つまりはそこにゆきつくといっていいのでは。

柄谷行人
昭和十六年（一九四一）年、兵庫県生まれ。哲学、文芸評論家。元法政大学教授。著書に『日本近代文学の起源』『世界史の構造』『マルクスその可能性の中心』など。

四十年前の森嶋通夫論文

半藤　さきほど保阪さんが論者の年齢を気にされましたが、たしかに憲法論議や国防論議は、戦争体験の有無が少なからず影響します。井上さんの論文を読んで思い出し、今回じっくり読み返してみたのが、これなんです。

「文藝春秋」昭和五十四年（一九七九）七月号掲載の「新『新軍備計画論』」です。当時、ロンドン・スクール・オブ・エコノミクスの教授だった経済学者の森嶋通夫氏が書き下ろした論文でした。森嶋さんは大正十二年（一九二三）生まれですから、わたしの七歳年上。わたしが「文藝春秋」の編集長だったときに、この森嶋先生から直接に連絡をもらいましてね。原稿を書いたから読んでもらいたいと言う。米ソ冷戦時代のことです。

森嶋さんは京大経済学部に在学中に学徒出陣で徴兵されて通信将校になった。海軍通信学校時代の同期が硫黄島の航空隊所属となり、自身は長崎の大村航空隊に配属されるんです。仲良くなったその同期生は硫黄島で戦死したのですが、大村航空隊で森嶋さんは、米軍の猛攻を受ける硫黄島からの暗号電報を、その同期生からの電報であると信じつつ平文に翻訳していたという。大村では沖縄戦に送り込まれる多くの特攻隊員を見送ってもいる。そういう戦争体験をおもちの学者でした。

森嶋通夫
学徒出陣第一陣として昭和十八年（一九四三）十二月に海軍に入隊。基礎訓練と通信の専門教育を終えて、一年後の十九年十二月に長崎の大村航空隊（大村基地）に赴任。終戦を鹿児島の垂水部隊で迎えた。京都大学経済学部から大学院を経て同大助教授。京大の人事に抗議して大阪大学に転じ、同大社会経済研究所教授。さらに英国に渡り、世界の経済学会の中心といわれたロンドン・スクール・オブ・エコノミクス（LSE：London School Of Economics）教授。一九七〇年代後半から、政治・社会評論の著書を数多く著した。七六年文化勲章受章。『森嶋通夫著作集』（岩波書店）がある。平成十六年（二〇〇四）没。

保阪　七〇年代から八〇年代にかけて森島さんは、ロンドンから「朝日ジャーナル」なんかによく寄稿されていましたね。森嶋さんの日本批判はロンドンから見ているせいもあったのでしょうか、正確な批評だなあ、という印象をもって、ぼくはよく読んでいました。

半藤　森嶋先生に会っていろいろと話をして、かなり同感するところもあり、手渡された原稿に付されていた副題は、「故海軍大将井上成美氏にささぐ」とあった。井上成美は米内光政と山本五十六とともに、日独伊三国同盟締結に最後まで反対したことで有名ですが、「新軍備計画論」というのは昭和十六年（一九四一）一月に井上が海軍大臣に具申した意見書の題名なんです。その内容はというと、巨大戦艦無用論とあわせ航空機の増産を提案したもの。井上はそのなかで「英米と建艦競争をすることは、決して日本を守るゆえんでない」と力説していた。英米協調主義です。ごぞんじのとおり大艦巨砲主義の海軍上層部がこの提案を容れることは、けっきょくなかった。

じつは、この原稿がわが「文藝春秋」に載った経緯には前段がありました。

そもそも昭和五十三年（一九七八）の九月十五日、サンケイ新聞の「正論」欄に寄せた関嘉彦氏（当時早稲田大学客員教授）の国防論、「〝有事〟の対応策は当然」を読んで、森嶋さんはそれに対する反論、「何をなすべきでないか」を翌年一月一日の北海道新聞に寄稿した。それがきっかけになって関氏の返答（一月二十九日）、森嶋氏の再批判が同紙に掲載された（三月九日）。関さんの主張は、ごく単純化するなら、「備えあれば憂いなし。日本では軍備や非常時の対応策を講ずることが戦争を招きよせるという考えが強いが、必ずしもそうではない。最小限の自衛力は必要」というものでした。森嶋さんはこれに異論を唱えた。

「文藝春秋」掲載原稿の冒頭部分にはこうあります。

「紙面が限られている新聞では、防衛問題のような重要でしかも微妙な問題を論じることは非常に難しい。筆者が考えていることが、説明不足のために読者に正確に伝わらないだけでなく、誤解が意想外の結果をもたらさないとも限らない。論争の場所を雑誌に移し、充分紙面をさいて論議を尽した方がよいように思う」

と、いうわけで森嶋さんがわたしに連絡を寄越したのでした。

森嶋さんのこの論文。一言でいってしまえば、ソ連が攻めて来ても日本は抵抗する必要はない、という論旨でした。個別的自衛権も駆使することはない。自衛隊は戦わず、白旗を上げて降伏するのが日本人のためである、と。原稿中の要点を引きます。

「万が一にもソ連が攻めて来た時には自衛隊は毅然として、秩序整然と降伏するより他ない。徹底抗戦して玉砕して、その後に猛り狂うたソ連軍が殺到して惨憺たる戦後を迎えるより、秩序ある威厳に満ちた降伏をして、その代り政治的自決権を獲得する方が、ずっと賢明だと私は考える。……強大な武力をもった国から、祖国を守る際には、妥協すべき点では妥協し、屈伏すべき時機には屈伏する勇気をもっていなければならないと思っている。勝海舟が江戸城を明けわたすことによって徳川家を救ったようにである」

最後のパラグラフはこうです。

「アメリカに従属した戦後が、あの時徹底抗戦していたよりずっと幸福であったように、ソ連に従属した新生活も、また核戦争をするよりもずっとよいにきまっている。私たちがあの廃墟の中で『あやまちは二度と繰返しません』と死者に誓ったのは、このような絶対的無抵抗ではなかったのか。私は人間を信じるがゆえに、アメリカ人と共にソ連人を信じるから、核攻撃の心配はしないが、関氏がそれでももし攻めて来たらどうすると問うのなら、私は以上のような形でソ連軍を迎えようと主張する。若い人にそう教えることは戦中派の務である」

三段組、全二十八ページにおよぶ大論文でした。さすがの「文藝春秋」も、いまはもうこんな長い原稿は載っけないと思いますよ。

しかもわたし、これに加えて関さんの原稿も載せたんです。そもそも論争としてはじまったのに、片一方の主張だけを掲載するのでは公平性に欠けるし、正直言っておもしろくない。よしッ、真っ向勝負をしてもらおう、と思いましてね。それで森嶋さんにいったのです。で、「どうせなら一挙に論争を載せて読者に訴えたほうがいいと思いますので」と。森嶋さんは快諾しました。「そのほうがわが意にかなう」といいましてね。森嶋さんの大論文を関さんに読んでもらった上で、反論を書いてもらいました。タイトルは「非武装で平和は守れない」。関さんは自分の安全保障論をこう書いた。

「『こちらが平和を求めれば相手が侵略などするはずがない、という善意のみで国際関係を処理できるという考え』に政治家が迎合するようでは、かえって外国の侵略を招きよせることになりかねない、従って政府も国民も、万一の時に備えて防衛の努力をする必要がある」

こちらもおなじく三段組。全十四ページのボリュームです。別にわたしが半分にしろと関さんに言ったわけではありませんよ（笑）。この号が発売されると同時にワーッと論壇が湧いちゃった。字義通り喧々囂々《けんけんごうごう》。で、翌々月。この論争、どっちに軍配を上げるかを、各界の識者十人に原稿を書いてもらい掲載しました。衛藤瀋吉（東大教授）、駒田信二（作家）、吉川勇一（元べ平連事務局長）、中島誠（評論家）、佐瀬昌盛（防大教授）、菊池昌典（東大助教授・ソ連史）、田久保忠衛（外交評論家）、神谷不二（慶大教授）、林京子（作家）、原田統吉（評論家）の十人。左右と真ん中、まんべんなく当時の論客ばかり集めたつもりなんですが。

保阪　思い出しました。その論争、かなり話題を呼んだと思います。ぼく、記憶に残っています。そしていずれもなつかしい名前の人たちです。誰がどういう意見だったかもわかります。

半藤　話題を呼び過ぎてわたしは会社でいくらか嫌われたようなんです。白旗主義者なんて陰口をきかれてね。森嶋びいきと勘ぐられたんでしょう。で、そのためもあって、とは申しませんが、まもなく編集長を交代させられるんですがね（笑）。

十人の意見は「降伏か、抵抗か」と題して掲載。その結果は非常に興味深いものでした。広い意味での森嶋派は衛藤、駒田、吉川、中島、菊池、林の六人。そして関派は佐瀬、田久保、神谷、原田の四人。六対四で森嶋さんの勝ち。米ソ冷戦下でありながらも、あの当時の識者は、無抵抗・降伏論にかろうじて軍配を上げたという次第。いまやったら森嶋さんは断然不利でしょう（笑）。いや、そんな論文を載せる編集長なんていませんね。

保阪　平時から泥棒に備えておかなくてはいけない、というようなものすごく素朴な「戸締まり」論は、再びいま叫ばれていますからね。これは再軍備論者の始まりであり、つまりはここに戻ってくるんです。

半藤　森嶋さんのこの論文は、戦中戦後の、自らの青年時代の追想を加えて単行本にまとめられていますから、興味をもたれた読者はぜひお読みいただきたい（『自分流に考える――新・新軍備計画論』一九八一年文藝春秋刊）。いまなお憲法と軍備を考える際の、どちらの側の人にもたしかなヒントを与えてくれます。

今回この森嶋論文を読み直して思いました。憲法九条というのは絶対平和主義であり、森嶋説はそれを純粋に突き詰めたところにあるのではないか、とね。

保阪　そうだと思います。正直に憲法九条を守るならば、森嶋説は正しいと思います。非軍事憲法の所以です。玉砕戦の真実を、間近に見た人の提言として改めて重く受け止めたいです。

石川健治氏の「結界」論

半藤　そんなわたしの思い出話を離れて、現役の学者による今日の憲法論議にもどります。「軽い」改憲発言を批判した石川健治氏の論考です。さきほど保阪さんが紹介された「9条　立憲主義のピース」（「朝日新聞」二〇一六年五月三日朝刊）の、論点のひとつをとりあげたいと思います。

九条は日本の政治社会をいったん徹底的に非軍事化するための規定であると同時に、日本の立憲主義を守るための重要なピースである、と石川氏は主張している。つまり、九条を安全保障の局面だけで語ってはいけないんだ、と。なぜなら九条と政教分離（二十条「信教の自由」、八十九条「政教分離原則」）という変革は、それまでの神道と渾然一体となった政治と、天皇を戴いて国民の上に覆い被さった軍国主義を、戦後の公の領域から排除する「結界」だから、というのが石川氏の見立てなんです。念のために説明しておきますが、「結界」というのは仏教用語で、一定の区域の秩序を維持するために外道や悪魔が入り込むのを防ぐことですがね。

それが外道や悪魔かどうかはともかく、復古主義の側からみると、日本国憲法は「敵視と憎悪」の対象になるのは自然なこと、と石川さんはおっしゃる。ホントの話、かれらの立場から見ればそのとおりなんです。九条の一項と二項は、連中にとってはもう不愉快でしょうがない。自衛隊がすでにあって憲法違反をやっているんだから九条など空念仏だっ！　取っ外してしまえっ！　とかれらは思っているわけですから。

石川氏はこうも言う。

「日本国憲法という一個の戦後的なプロジェクトには、少なくとも政治社会から軍国主義の毒気が抜けるまで、そうした『結界』を維持することで立憲主義を定着させる、という内容が含まれているのである」

そうだと思いますよ。戦後七十年平和でやってきて、そして立憲主義を根づかせるために日本人は精一杯の努力をしてきた。決してノホホンとしてきたわけじゃない。アメリカのおかげじゃないか、なんて言う人もいますがそうじゃない。憲法を変えずにがんばって来た、自分たちのその努力を、もっと日本人は誇っていいとわたしは思います。あえて国益という言葉をつかうなら、七十年余も戦場で人を殺さず人に殺されず、それが日本の国益になったんです。ところが公の領域から出入り禁止にされた連中は、これを国益と認めたくない。国益は別にあると考えているんです。石川さんのいう「結界」がもし壊されたらとんでもないことになる危険性が高いと、やっぱりわたしも思いますねえ。

論文のなかで石川さんは、矢内原忠雄先生が戦後に書いた論文、「近代日本における宗教と民主主義」を引いています。それを文中で「言論弾圧に直面して日本社会と丸腰で向き合った経験をもつからこその、迫力ある文章だ」と評していました。たしかにこれ、名著でして、法学者としての矢内原先生の仕事もまた、戦後の立憲主義を根づかせる努力のひとつとして数え上げられるべきだとわたしも思います。

矢内原先生はわたしが在学していたときの総長でした。全日本選手権ボートレースで優勝したときは喜んでくれて、総長室に呼ばれて安田講堂の前でいっしょに写真を撮ったりした。西欧の憲法の機軸はキリスト教である、というのが先生の主張でしたから、わたし総長室でこの話を聞いたんです。先生は内村鑑三がつくった無教会主義のクリスチャンでした。「先生、日本にはキリスト教がないのでなにを憲法の機軸にしたらいいのか、やっぱり八百よろずの神様ですか」と聞いたら、「そんなものが機軸になるか」と笑っておられた（笑）。

保阪　右翼の人たちは「九条は日本の足手まといだ」とか、「こんなものがあるせいで日本は自立できない」とよく口にしますね。そういう人たちに何を目指しているのかと問えば、世界に冠たる軍事力をもって地位を築くのだと答えるのかも知れません。しかしそれは国家目標でもなんでもない。単なる復古主義です。かれらの九条不要論は、安全保障問題というよりも、ぼくは感性の問題だと思う。その感性の文脈に、第一次安倍政権の教育基本法改正による愛国心教育があるように感じています。セットになっている。国民の、国への献身を促す愛国心教育が第一歩なんですね。

政府に従順な国民性

半藤　編集スタッフから、この国では昭和一桁代からずっと、なぜこんなに政府に対して従順なのかという質問をもらっています。どうですか?

保阪　昭和十年代生まれの一人としていえば、必ずしも従順ではないと思うけれど……。しかし昭和に限らず大正時代とて、衣食住に困っている貧しい人があれほどいたのに、革命とまで言わないまでも、大規模な反政府運動が巻き起こることもありませんでした。生きることに必死になる状態で、二極化している時代でした。今もそれが指摘できるのではないか。

労働力を過小評価されて、生涯月給が二十万円にも満たないまま変わらない、といった労働者層が存在する一方で、安定した環境の労働者もいる。正規雇用と非正規雇用の労働者の間で溝が生じている。この二極化が人びとの日々の不安に結びついていると思う。そういう不安の裏返しとして、国家や政治を見ることになる。

要するにアイデンティティへの渇望が、国家への一体化に向かわせているのではないでしょうか。

安倍さんや麻生さんが街頭演説の場として秋葉原を選ぶのはなぜか。あそこに集まる人たちの多くが抱いていると思われる空虚さ、孤独感というものを、安倍さんはよく見ているんだなあと感心します。あそこでアジれば組織やコミュニティから分断された連中はついてくる、と考えているんでしょう。そういうところは本能的に勘がいいですね。

近ごろぼくの周辺でも、おや、と思うようなことが時々あります。ある出版社を定年退職した編集者と、露骨な民族差別をあおるヘイトスピーチについて話していたら、「ヤツらの言うことにも一理あると思う」などと言いだしたので驚きました。リベラルだと思っていた人なのですが、あんなものに一理あるだなんて、とぼくはジッとかれの顔を見るよりほかなかった。しっかりしたプリンシプルをもっていないと、現実を容認していくというかたちで人権意識も簡単に崩れますね。

半藤　この国は、近代がはじまって以来、教養主義で来たんです。教養主義とはなにかと言ったら、一生懸命勉強をして、いい大学を出て立身出世をすること。ごく簡単にいうならそういうことなんです。その人たちが何になるかといえば、官僚です。この国は近代日本になって立憲君主国家をつくった。立憲君主国家の官僚は、じつは民衆のためではなく国家のために働く者たちだったんです。それが昭和に入って天皇の官僚になっちゃった。戦争に敗けて天皇の官僚はいったんお辞めになったはずなのだけど、もいちど国家の官僚に、いや自分の属する省部の官僚になっていったという次第。いずれにしても、明治以降この国の官僚が

「国民の官僚」だったことはないんですよ。

要するに教養主義、学歴主義、立身出世主義の目的は、国家のためになることでした。ウチの母親もさかんに言っていましたよ。お国のためになれる人間になれと。どうやら母親はわたしのことを裁判官にしたかったみたいです。裁判官がいちばん国のためになっていると思っていたのでしょうかねえ。わたしは官僚になる気なんてサラサラなかったけれど。

戦争絶滅間違いなし法案

保阪　けっきょく軍事指導者というのも官僚、軍務官僚なんです。みんな威張っていましたが、だいたい戦争をやりたがる人というのはじつは小心者だったりする。ヒトラーやスターリンがそうでした。フランスの歴史家マルク・フェロー（一九一八〜一九四五年　並行する歴史』（新評論社刊）という著書があります。そこでかれらの臆病ぶりを明かしています。

「ヒトラーは空爆を受けた都市や前線にはただの一度も行かない。つまりこの指導者は戦争のおぞましさに自らが直面させられることには耐えられないのだ。とにかく彼は死が訪れるのを恐れてきた」という。スターリンもそうで、決して前線には行かなかった。フェローは、「彼が戦闘中の兵士に会いに行ったのは一度か二度だけで、それも映画カメラの前に立ったため」と書いています。

日本でも、戦争政策を決めた最上位の軍事指導者の子弟は激戦地には行かなかった。行かないですむ仕組みを巧妙につくったからです。戦時下の権力というのはそういうものなんです。

半藤　それで思いだした。長谷川如是閑が紹介した「戦争を絶滅させること受合いの法案」です（論壇誌「我等」昭和四年一月号）。この法案を考案したのはデンマークのフリッツ・ホルム陸軍大将なる人物。長谷川如是閑いわく「何処の国でもこの法律を採用してこれを励行したら、どうしたって戦争は起らないことを、牡丹餅判印で保証すると大将は力んでいる……」。

じつはフリッツ・ホルムという人、実在したのかどうかが定かでない。調べたのだけれど、架空の人らしい。そんな名の陸軍大将なんていないようなんです。長谷川如是閑の創作説もあって、わたしはそっちをとっていますがね。いや、そうに決まってるよね。

その和訳された内容はこういうものでした。

「戦争行為の開始後または宣戦布告の効力を生じたる後、十時間以内に、次の処置をとるべきこと。

即ち左の各項に該当する者を最下級の兵卒として召集し、できるだけ早くこれを最前線に送り、敵の砲火の下に実戦に従わしむべし。

一、国家の××〔元首〕。ただし△△〔君主〕たると大統領とを問わず。もっとも男子たること。

二、国家の××〔元首〕の男性の親族にして十六歳に達せる者。
三、総理大臣、及び各国務大臣、ならびに次官。
四、国民によって選出されたる立法府の男性の代議士。ただし戦争に反対の投票をなしたる者はこれを除く。
五、キリスト教または他の寺院の僧正、管長、その他の高僧にして公然戦争に反対せざりし者。

上記の有資格者は、戦争継続中、兵卒として召集さるべきものにして、本人の年齢、健康状態等を斟酌すべからず。ただし健康状態については召集後軍医官の検査を受けしむべし。

上記の有資格者の妻、娘、姉妹等は、戦争継続中、看護婦または使役婦として召集し、もっとも砲火に接近したる野戦病院に勤務せしむべし」

長谷川如是閑は文章を、「これは確かに名案だが、各国をしてこの法律案を採用せしめたるためには、も一つホルム大将に、『戦争を絶滅せること受合の法律を採用させること受合の法律案』を起草して貰わねばならぬ」と結びました。

長谷川如是閑
明治八年（一八七五）年、東京木場の材木商の家に生まれる。ジャーナリスト、著述家。早くから日本のファシズムを批判した。蔵書家でもあり、東京の自邸の書庫を疎開させる直前に空襲に遭い、すべてを焼失させる。その跡は「白い小山」のようであったという。昭和四十四年（一九六九）没。

ホントにそうだと思いますねえ。戦争中、国家の権力者たちは、わが身を例外なく安全なところに置いている。少佐や中佐クラスの参謀だってみんなそうでしたな。それをみんな「最前線に送る」なんて、こんな法律を採用するはずはないんです。

保阪　戦争の最前線に送られるのはいつでもどこの国でも、もっとも権力から遠いところにいる人びとです。権力の中枢にいる人たちは安全な場所から号令を発するだけ。第一次大戦のあと、イギリスのチャーチルが、これからの戦争は不幸になる。前線で戦う兵士と後方で図面を引きながら作戦を命じるだけの二つの形をとることになると喝破していました。こんなことを言うと、ナポレオンを引き合いに出し反論しようとする人がいるけれど。

半藤　ああ、ナポレオンは最前線で指揮をとって自ら戦っているからねえ。でもナポレオンだけでしょう。それとジャンヌ・ダルクか。あとはみんな後方にいましたよ。

保阪　安倍さんにはぜひナポレオンになってもらって、ＰＫＯの最前線に行っていただきたいものです。それが送られる自衛隊の人たちへの礼儀です。

都民ファーストの会に注意せよ

半藤　今年の夏の都議選でごぞんじのとおり、都民ファーストの会の候補者が五十五人も当選して大勝した。その都民ファーストの会のお仲間が、あろうことか「日本ファースト」という看板を掲げるという（その後「希望の党」という政党名となった）。トランプの「アメリカファースト」、フランスの右翼ルペン党首の「フランス人優先」というお題目に、世界中の良識ある人たちがみんな鼻白んだというのに、です。ま、それはともかく。

もう民進党はダメだから、かれらが反自公、反安倍政権の受け皿になって、もしかしたらもしかする、などと言われてはじめました。じつはわたし、そうなることには、もう真っ向から反対なんです。

都議選では候補者のアンケートが朝日新聞に出ました（六月二十七日から七月一日にかけて結果を朝刊に掲載）。

質問の五、六、七番目がまことに重要な設問でした。

⑤「安倍政権の政権運営を評価しますか」
⑥「安倍首相が示した二〇二〇年までの改憲に賛成ですか」
⑦「今後の国政選挙では、どの政党を指示しますか」

わたし、都民ファーストの候補者全員の回答を読みました。そうしましたらね、その三問に対して、一応は回答したのはたった五人だけ。どう答えたかはつぎのとおりです。

大田区の栗下善行　⑤「あまり評価しない」⑥「反対」⑦「未定・わからない」
品川区の山内晃　⑤「ある程度評価する」⑥「賛成」⑦「未定・わからない」
板橋区の平慶翔　⑤「あまり評価しない」⑥「わからない」⑦「自民」
世田谷区の福島理恵子　⑤「ある程度評価する」⑥「反対」⑦「未定・わからない」

島部の山下宗　⑤「ある程度評価する」⑥「賛成」⑦「自民」

あとはもう、「無回答」「無回答」「無回答」の横ならび。「無回答」というのはどういうことだ、回答ぐらいはちゃんとしたらどうか、と。

保阪　「無回答」とは、上からの指令だったのでしょうね。

●毎日新聞は都議選後の八月六日にアンケートを実施
以下はその結果と解説記事より

都議会の会派別の勢力と回答内容

	人数	安倍政権への評価	憲法改正の賛否
都民ファースト	55	無回答 50 評価しない 1 わからない 2	無回答 50 わからない 3
公明	23	その他 22 評価する 1	その他 23
自民	22	評価する 22	賛成 22
共産	19	評価しない 19	反対 19
民進	5	評価しない 5	反対 4 わからない 1
無所属	3	評価しない 2 無回答 1	賛成 1 反対 1 無回答 1

※公明都議の回答の「その他」は、安倍政権については「自公政権の枠組みは評価するが、一部閣僚の不信を招くような政治姿勢、言動は評価できない」など、憲法改正については22人が「加憲」

「アンケートでは8日に予定されている都議会臨時会を前に、都議の政治的スタンスを確認するため「安倍政権を評価するか」「憲法改正に賛成か」を尋ね、都民ファースト所属の2人を除く125人から回答を得た。都民ファーストの議員は、民進党出身の石川良一都議が安倍政権を「評価しない」、民進党出身の中山寛進都議と自民党出身の山内晃都議が「わからない」としたが、他の50人は無回答だった。無回答の理由は、ほとんどが都民ファースト本部が示したという模範回答の「都議として都政に専念する立場であり、国政についてのコメントは控える」と書いた。憲法改正についても石川、中山、山内の3都議が「わからない」とした以外は無回答だった」

半藤　そうかもしれません。しかしね、そんな候補者連中が、ほぼ全員当選ですよ。東京都民はそうとう誤解しているんじゃないかと心配になりました。「都民ファースト」なんて聞こえはいいが、よくよく注意しなくちゃいけません。つまり政治家になろうとする人の、そういうところをこそ丁寧に見ないといけませんよ、とわたしは言いたいんです。

保阪　選挙が終わって小池さんの代わりに代表になった野田数（その後、代表辞任）という人は、大日本帝国憲法そのものに帰れと公然と唱えているような人物だそうです。

半藤　ですからナントカファーストの会は、たちまち安倍補強勢力になるに違いないとわたしはニランでいますがね。

追記

小池氏は都民ファーストの会を基盤に希望の党を結成し衆議院選挙に臨んだ。その折、小池ブームに目を奪われたのか、前原誠司民進党代表が小池氏との会談を行って民進党を希望の党に合流させようと一夜にして決意する。すると小池氏はリベラル派を排除して、それも憲法改正容認という踏み絵を用意するが、それに抗して枝野幸男氏が代表となって立憲民主党が結成された。この党の人たちは、護憲ないし安倍改憲反対である。

この経緯を見て、憲法改正という潮流をつくるのに野党第一党を解党する手段が用いられていることが窺える。前原代表は意識的であるにせよ、無意識であるにせよ、この手段に利用された節があるとの感を受ける。（保阪）

半藤　長々と憲法について話をしてきました。さすがに老骨はくたびれました。最後にもう一度、憲法九条を百年生かす、あるいはもたせるということについて、それぞれの思いをひとことずつ言って締めることにしましょう。では保阪さんからどうぞ。

保阪　西暦で、歴史を区切る単位はセンチュリー、百年です。ということは歴史の区切りはまだ二十一しかない。その二十一分の一に当たる長いあいだ、日本が憲法九条を守り切ったとすると、それはたいへんな国家的意思になると思うんです。国家存立の基本精神になるとも思う。

カナダ生まれの歴史家ウィリアム・H・マクニールという人が書いた『戦争の世界史（上下）』を読んでいたら、あと三百年くらい経ったら人類は千年単位でものごとを考えるようになるだろう、とありました。また、三百年後の人類が振り返ったとき、元年から千年までのあいだ本質的にはなにも変わらなかったと言うだろう、と。

そういえば、とぼくは考えたんです。この千年の日本を振り返るとき、源氏物語は西暦一〇〇〇年ごろに書かれたそうですが、二〇〇〇年を迎える直前に渡辺淳一が書いた不倫小説が大ヒットしました。こう言っては怒る人がいるかもしれないけれど、千年たっても似たようなものかも知れません。方丈記や徒然草や枕草子もその内容はいまの文学と概ね同様で、つまり人間の営みはさほど変わらない。とするならば十年とか三十年、五十年というのは、ほんとうにあっという間なんです。百年という区切りは、最低限度の単位と言っていいのではないか。憲法九条を百年もたせたい、というのは、最低限そこまではかならずという意味でして、プラスアルファでどこまで伸ばしていけるか。それを視野に入れたいとぼくは思います。

冒頭で半藤さんがいいことをおっしゃったのだけど、さらに伸ばすときに、自国だけで伸ばすのではなくて、世界的ないろんな人類の知恵が凝縮したものになってほしいとぼくも思います。もしも非軍事の時代が来たときには、世界にこの憲法が拡散し、この憲法にいろんな人が寄り集まって来ることでしょう。そうなったら、日本の憲法九条は、もしかしたらキリストになぞらえられるほどの重みをもつ存在になるんじゃないか。だからとにかく、まずは百年もたせる。

もうひとつ言うなら、この憲法はアメリカがつくったのではない、我われがつくったんだという自負を多くの日本人にもってほしいということです。戦争を体験し尽くした我われが構想し、マッカーサーに教え、連合軍に教えた。一年を、煉瓦一つを積むことだとすると、百年で百個の煉瓦が積み上る。積んだ煉瓦は非戦のモニュメントになる。もう七十も積み上っているのですから、いまやめてしまってはまことにもったいないです。どうでしょうか、半藤さん。

半藤　たいへん結構だと思います（笑）。

じつは日本人でいちばんはじめに百年を意識した人は夏目漱石でした。わたしは昭和史や太平洋戦争を勉強するかたわら、漱石研究もやってきたので知っているのですが、漱石の書いたものには「百年」がほうぼうに出て来ます。たとえば、すぐに忘れられてしまうような大学教授になるよりは、百年もつ作家になる、と。そういう決意を述べている手紙が残っています。つまり漱石は、百年とは人間が大事にしなくてはならない単位だと思っていたようなんです。

いま人類は、核戦争が目の前にあるということを知っている。核爆弾を受けた私たち日本人が、核戦争を起こさないための力になるためには、九条の一項と二項がどうしても必要です。世界のどこへ行っても通用する叡智だから、これをせめて漱石なみに百年もたせたら、たぶん、たぶん、ほかの国にもこの良さが理解され拡まっていくことでしょう。

保阪　わたしたちの会の名は、正しくは「九条を百年もたせて拡げる会」だ（笑）。

半藤　ただ、わたしたちといっても、いまは二人しかいないけれどもね（笑）。核保有国のバカどもは理解しないだろうけれど、一生懸命に国連に核兵器禁止を訴えて運動をやっている人たちがいるじゃないですか。ことし広島・長崎の被爆者が中心になってやってきた運動が国連で実を結び、「核兵器禁止条約」が百二十二カ国の賛成（反対一、棄権一、日本は核保有国とともに不参加）で採択されました。国連で賛成してくれた国々がかならず九条がもっている意味をわかってくれますよ。まずその国々に、より一生懸命訴える。百年経つと、これはそうとう拡がります。わたしたち日本人は、「お前たち、憲法違反をして武力をもっているくせに」などと言われて、少々恥ずかしい思いもするだろうけれど、そんなことには目をつぶるんです（笑）。なんと言われようが、そしてほかの人はどうあれ、わたしはせめて自分だけでもがんばろうと思っています。これは他人におしつけちゃいかん話ですから。

戦後の憲法公布の日、九条に心から感動したわたしが、人類が戦争をやめるはずがないじゃないか、とおやじに馬鹿にされた話を前にしました。わたしには親父に対する復讐の念もある（笑）。よおし、じゃあ百年もたしてやる、と。

保阪　いまでもいるんですが、この本が出たら、その会に入りたいと言ってくる人がいるかもしれませんね。

半藤　いや、みんなが一人一党でやればいいんです。

そうそう、忘れるところだった。こういうのもあるんです。東京新聞と中日新聞の一面に、二〇一五年の一月一日からずっと毎日一句、「平和の俳句」という俳句の投稿欄が掲載されていましてね。選者は金子兜太氏といとうせいこう氏。それが本になった。子どもたちがつくった句で、これは、と思ったものをメモしてきました。紹介します。

六歳の一句。

「へいわとは　ちきゅうも　ひとも　しなぬこと」

いいねえ。いま原子力時代、核兵器時代ですから一朝事あったら地球も死にますからねえ。名句だなあ、と思いました。それから八歳の一句。

「トマトにも　じゅくした　へいわ　つまってる」

そして十四歳。

「戦争しちゃいけないなんて子供でも分かるよ」

どうです？　いいでしょう。

保阪　それ、いいですね。この子たちがこの国の憲法を世界に広げる役割を担ってほしいと心の底から思います。

半藤　こういうのを読みますと、まだ希望もあるかなと、思います（笑）。

対談のあとで

本書の編集作業が終盤にさしかかった九月下旬になって、突然、安倍首相は衆議院解散総選挙にうって出た。これを保阪正康さんは「国民愚弄《ぐろう》解散」と評した（毎日新聞十月九日掲載）。じつは、選挙の結果次第ではこの本の刊行を遅らせてでも追加の対談をしてもらわねば、と考えていたのだが、その必要はなかった。

半藤一利さんは選挙前、インタビューでこの選挙の意味を問われ、「これからの日本の針路が戦争と平和のどちらを主軸に進むのかを左右する、極めて重要な選挙だと思います」と答えていた（朝日新聞九月二十九日掲載）。

安倍首相は解散一週間前の九月二十日、北朝鮮問題について国連総会で演説した。その直後にはトランプ米大統領と会談し、もはや対話は意味がなく、世界がそろって〝圧力〟をいっそう強めるべきなのだと発言。さらに武力行使を含むあらゆる選択肢を用意しているアメリカを支持していると、明確にその姿勢を示した。北朝鮮との緊張をことさら高める発言に終始したのである。その上での〝国難突破〟だった。そして私たちの気づかないうちに日米の軍事的共同態勢はどんどん進んでいる。

希望の党憲法調査会長の細野豪志氏は、「北朝鮮は現実的な脅威だ」と、それを理由に憲法改正をにわかに叫び始めた。朝鮮有事に備えて米軍の後方支援やミサイル防衛の準備を急ぐ必要があると言うのである（細野氏のオフィシャルブログ十一月一日分から）。

このように危機のレベルを政治家たちが上げて、それにあわせて憲法九条の非戦の意志を骨抜きにする憲法改定を実際に発議してしまえる国会ができてしまった。

細野氏は同ブログのなかで、ことし四月に憲法改正私案（『中央公論』二〇一七年五月号にその全文が掲載された）を発表したことに触れている。つづけて、「緊急事態における国政選挙の先延ばしについて提案した」とある。「自民党でも検討が進んでいる」と、あたかもこの条項が憲法改正に必須のように書いている。

この人もナチスの手法を持ち出したのである。国政選挙を先延ばしにし、現職議員の任期を延ばす、また定足数の制限を緩和するといった内容を考えているようだが、政府に選挙しなくてもよいという〝権限〟を与えてしまえば、政府は国会を無視するようになるだろう。その先に待ち構えているのは、政府にとって都合のいい法律が易々とつくれるようになってしまう事態だ。ナチスドイツが緊急事態による大統領緊急令のもと「全権委任法」という、憲法違反も容認する法を成立させたのは、本編で縷々語られたとおりである。

「緊急事態」とは、だれが認定するのか。それで何をしたいのか。

政治家が「危機」や「国難」、「改革」ということばを連呼するとき、それら情緒に訴える用語にはたいてい中身がないと、私は半藤さんから教わった。中身は選挙のあとから、ついてくる。それもけっして私たちが望むような内容ではない、おそろしい中身となってあらわれる、と。もう遅いかもしれないが、これから政治家たちが何をするのか、しっかり監視していかないといけないのだろう。

構成担当　石田陽子

資料1
日本国憲法

日本国民は、正当に選挙された国会における代表者を通じて行動し、われらとわれらの子孫のために、諸国民との協和による成果と、わが国全土にわたつて自由のもたらす恵沢を確保し、政府の行為によつて再び戦争の惨禍が起ることのないやうにすることを決意し、ここに主権が国民に存することを宣言し、この憲法を確定する。そもそも国政は、国民の厳粛な信託によるものであつて、その権威は国民に由来し、その権力は国民の代表者がこれを行使し、その福利は国民がこれを享受する。これは人類普遍の原理であり、この憲法は、かかる原理に基くものである。われらは、これに反する一切の憲法、法令及び詔勅を排除する。

日本国民は、恒久の平和を念願し、人間相互の関係を支配する崇高な理想を深く自覚するのであつて、平和を愛する諸国民の公正と信義に信頼して、われらの安全と生存を保持しようと決意した。われらは、平和を維持し、専制と隷従、圧迫と偏狭を地上から永遠に除去しようと努めてゐる国際社会において、名誉ある地位を占めたいと思ふ。われらは、全世界の国民が、ひとしく恐怖と欠乏から免かれ、平和のうちに生存する権利を有することを確認する。

われらは、いづれの国家も、自国のことのみに専念して他国を無視してはならないのであつて、政治道徳の法則は、普遍的なものであり、この法則に従ふことは、自国の主権を維持し、他国と対等関係に立たうとする各国の責務であると信ずる。

日本国民は、国家の名誉にかけ、全力をあげてこの崇高な理想と目的を達成することを誓ふ。

第1章　天皇

〔天皇の地位と主権在民〕

第1条　天皇は、日本国の象徴であり日本国民統合の象徴であつて、この地位は、主権の存する日本国民の総意に基く。

〔皇位の世襲〕

第2条　皇位は、世襲のものであつて、国会の議決した皇室典範の定めるところにより、これを継承する。

〔内閣の助言と承認及び責任〕

第3条　天皇の国事に関するすべての行為には、内閣の助言と承認を必要とし、内閣が、その責任を負ふ。

〔天皇の権能と権能行使の委任〕

第4条　天皇は、この憲法の定める国事に関する行為のみを行ひ、国政に関する権能を有しない。

2　天皇は、法律の定めるところにより、その国事に関する行為を委任することができる。

〔摂政〕

第5条　皇室典範の定めるところにより摂政を置くときは、摂政は、天皇の名でその国事に関する行為を行ふ。この場合には、前条第一項の規定を準用する。

〔天皇の任命行為〕

第6条　天皇は、国会の指名に基いて、内閣総理大臣を任命する。
2　天皇は、内閣の指名に基いて、最高裁判所の長たる裁判官を任命する。
〔天皇の国事行為〕
第7条　天皇は、内閣の助言と承認により、国民のために、左の国事に関する行為を行ふ。
一　憲法改正、法律、政令及び条約を公布すること。
二　国会を召集すること。
三　衆議院を解散すること。
四　国会議員の総選挙の施行を公示すること。
五　国務大臣及び法律の定めるその他の官吏の任免並びに全権委任状及び大使及び公使の信任状を認証すること。
六　大赦、特赦、減刑、刑の執行の免除及び復権を認証すること。
七　栄典を授与すること。
八　批准書及び法律の定めるその他の外交文書を認証すること。
九　外国の大使及び公使を接受すること。
十　儀式を行ふこと。
〔財産授受の制限〕
第8条　皇室に財産を譲り渡し、又は皇室が、財産を譲り受け、若しくは賜与することは、国会の議決に基かなければならない。

第2章　戦争の放棄

〔戦争の放棄と戦力及び交戦権の否認〕

第9条　日本国民は、正義と秩序を基調とする国際平和を誠実に希求し、国権の発動たる戦争と、武力による威嚇又は武力の行使は、国際紛争を解決する手段としては、永久にこれを放棄する。

2　前項の目的を達するため、陸海空軍その他の戦力は、これを保持しない。国の交戦権は、これを認めない。

第3章　国民の権利及び義務

〔国民たる要件〕

第10条　日本国民たる要件は、法律でこれを定める。

〔基本的人権〕

第11条　国民は、すべての基本的人権の享有を妨げられない。この憲法が国民に保障する基本的人権は、侵すことのできない永久の権利として、現在及び将来の国民に与へられる。

〔自由及び権利の保持義務と公共福祉性〕

第12条　この憲法が国民に保障する自由及び権利は、国民の不断の努力によつて、これを保持しなければならない。又、国民は、これを濫用してはならないのであつて、常に公共の福祉のためにこれを利用する責任を負ふ。

〔個人の尊重と公共の福祉〕

第13条　すべて国民は、個人として尊重される。生命、自由及び幸福追求に対する国民の権利については、公共の福祉に反しない限り、立法その他の国政の上で、最大の尊重を必要とする。

〔平等原則、貴族制度の否認及び栄典の限界〕

第14条　すべて国民は、法の下に平等であつて、人種、信条、性別、社会的身分又は門地により、政治的、経済的又は社会的関係において、差別されない。

2　華族その他の貴族の制度は、これを認めない。

3　栄誉、勲章その他の栄典の授与は、いかなる特権も伴はない。栄典の授与は、現にこれを有し、又は将来これを受ける者の一代に限り、その効力を有する。

〔公務員の選定罷免権、公務員の本質、普通選挙の保障及び投票秘密の保障〕

第15条　公務員を選定し、及びこれを罷免することは、国民固有の権利である。

2　すべて公務員は、全体の奉仕者であつて、一部の奉仕者ではない。

3　公務員の選挙については、成年者による普通選挙を保障する。

4　すべて選挙における投票の秘密は、これを侵してはならない。選挙人は、その選択に関し公的にも私的にも責任を問はれない。

〔請願権〕

第16条　何人も、損害の救済、公務員の罷免、法律、命令又は規則の制定、廃止又は改正その他の事項に関し、平穏に請願する権利を有し、何人も、かかる請願をしたためにいかなる差別待遇も受けない。

〔公務員の不法行為による損害の賠償〕

第17条　何人も、公務員の不法行為により、損害を受けたときは、法律の定めるところにより、国又は公共団体に、その賠償を求めることができる。
〔奴隷的拘束及び苦役の禁止〕
第18条　何人も、いかなる奴隷的拘束も受けない。又、犯罪に因る処罰の場合を除いては、その意に反する苦役に服させられない。
〔思想及び良心の自由〕
第19条　思想及び良心の自由は、これを侵してはならない。
〔信教の自由〕
第20条　信教の自由は、何人に対してもこれを保障する。いかなる宗教団体も、国から特権を受け、又は政治上の権力を行使してはならない。
2　何人も、宗教上の行為、祝典、儀式又は行事に参加することを強制されない。
3　国及びその機関は、宗教教育その他いかなる宗教的活動もしてはならない。
〔集会、結社及び表現の自由と通信秘密の保護〕
第21条　集会、結社及び言論、出版その他一切の表現の自由は、これを保障する。
2　検閲は、これをしてはならない。通信の秘密は、これを侵してはならない。
〔居住、移転、職業選択、外国移住及び国籍離脱の自由〕
第22条　何人も、公共の福祉に反しない限り、居住、移転及び職業選択の自由を有する。
2　何人も、外国に移住し、又は国籍を離脱する自由を侵されない。
〔学問の自由〕
第23条　学問の自由は、これを保障する。

〔家族関係における個人の尊厳と両性の平等〕
第24条　婚姻は、両性の合意のみに基いて成立し、夫婦が同等の権利を有することを基本として、相互の協力により、維持されなければならない。
2　配偶者の選択、財産権、相続、住居の選定、離婚並びに婚姻及び家族に関するその他の事項に関しては、法律は、個人の尊厳と両性の本質的平等に立脚して、制定されなければならない。
〔生存権及び国民生活の社会的進歩向上に努める国の義務〕
第25条　すべて国民は、健康で文化的な最低限度の生活を営む権利を有する。
2　国は、すべての生活部面について、社会福祉、社会保障及び公衆衛生の向上及び増進に努めなければならない。
〔教育を受ける権利と受けさせる義務〕
第26条　すべて国民は、法律の定めるところにより、その能力に応じて、ひとしく教育を受ける権利を有する。
2　すべて国民は、法律の定めるところにより、その保護する子女に普通教育を受けさせる義務を負ふ。義務教育は、これを無償とする。
〔勤労の権利と義務、勤労条件の基準及び児童酷使の禁止〕
第27条　すべて国民は、勤労の権利を有し、義務を負ふ。
2　賃金、就業時間、休息その他の勤労条件に関する基準は、法律でこれを定める。
3　児童は、これを酷使してはならない。
〔勤労者の団結権及び団体行動権〕

第28条　勤労者の団結する権利及び団体交渉その他の団体行動をする権利は、これを保障する。
〔財産権〕
第29条　財産権は、これを侵してはならない。
2　財産権の内容は、公共の福祉に適合するやうに、法律でこれを定める。
3　私有財産は、正当な補償の下に、これを公共のために用ひることができる。
〔納税の義務〕
第30条　国民は、法律の定めるところにより、納税の義務を負ふ。
〔生命及び自由の保障と科刑の制約〕
第31条　何人も、法律の定める手続によらなければ、その生命若しくは自由を奪はれ、又はその他の刑罰を科せられない。
〔裁判を受ける権利〕
第32条　何人も、裁判所において裁判を受ける権利を奪はれない。
〔逮捕の制約〕
第33条　何人も、現行犯として逮捕される場合を除いては、権限を有する司法官憲が発し、且つ理由となつてゐる犯罪を明示する令状によらなければ、逮捕されない。
〔抑留及び拘禁の制約〕
第34条　何人も、理由を直ちに告げられ、且つ、直ちに弁護人に依頼する権利を与へられなければ、抑留又は拘禁されない。又、何人も、正当な理由がなければ、拘禁されず、要求があれば、その理由は、直ちに本人及びその弁護人の出席する公開の法廷で示されなければならない。

〔侵入、捜索及び押収の制約〕

第35条　何人も、その住居、書類及び所持品について、侵入、捜索及び押収を受けることのない権利は、第33条の場合を除いては、正当な理由に基いて発せられ、且つ捜索する場所及び押収する物を明示する令状がなければ、侵されない。

2　捜索又は押収は、権限を有する司法官憲が発する各別の令状により、これを行ふ。

〔拷問及び残虐な刑罰の禁止〕

第36条　公務員による拷問及び残虐な刑罰は、絶対にこれを禁ずる。

〔刑事被告人の権利〕

第37条　すべて刑事事件においては、被告人は、公平な裁判所の迅速な公開裁判を受ける権利を有する。

2　刑事被告人は、すべての証人に対して審問する機会を充分に与へられ、又、公費で自己のために強制的手続により証人を求める権利を有する。

3　刑事被告人は、いかなる場合にも、資格を有する弁護人を依頼することができる。被告人が自らこれを依頼することができないときは、国でこれを附する。

〔自白強要の禁止と自白の証拠能力の限界〕

第38条　何人も、自己に不利益な供述を強要されない。

2　強制、拷問若しくは脅迫による自白又は不当に長く抑留若しくは拘禁された後の自白は、これを証拠とすることができない。

3　何人も、自己に不利益な唯一の証拠が本人の自白である場合には、有罪とされ、又は刑罰を科せられない。

〔遡及処罰、二重処罰等の禁止〕

第39条　何人も、実行の時に適法であつた行為又は既に無罪とされた行為については、刑事上の責任を問はれない。又、同一の犯罪について、重ねて刑事上の責任を問はれない。

〔刑事補償〕

第40条　何人も、抑留又は拘禁された後、無罪の裁判を受けたときは、法律の定めるところにより、国にその補償を求めることができる。

第４章　国会

〔国会の地位〕

第41条　国会は、国権の最高機関であつて、国の唯一の立法機関である。

〔二院制〕

第42条　国会は、衆議院及び参議院の両議院でこれを構成する。

〔両議院の組織〕

第43条　両議院は、全国民を代表する選挙された議員でこれを組織する。

2　両議院の議員の定数は、法律でこれを定める。

〔議員及び選挙人の資格〕

第44条　両議院の議員及びその選挙人の資格は、法律でこれを定める。但し、人種、信条、性別、社会的身分、門地、教育、財産又は収入によつて差別してはならない。

〔衆議院議員の任期〕
第45条　衆議院議員の任期は、四年とする。但し、衆議院解散の場合には、その期間満了前に終了する。
〔参議院議員の任期〕
第46条　参議院議員の任期は、六年とし、三年ごとに議員の半数を改選する。
〔議員の選挙〕
第47条　選挙区、投票の方法その他両議院の議員の選挙に関する事項は、法律でこれを定める。
〔両議院議員相互兼職の禁止〕
第48条　何人も、同時に両議院の議員たることはできない。
〔議員の歳費〕
第49条　両議院の議員は、法律の定めるところにより、国庫から相当額の歳費を受ける。
〔議員の不逮捕特権〕
第50条　両議院の議員は、法律の定める場合を除いては、国会の会期中逮捕されず、会期前に逮捕された議員は、その議院の要求があれば、会期中これを釈放しなければならない。
〔議員の発言表決の無答責〕
第51条　両議院の議員は、議院で行つた演説、討論又は表決について、院外で責任を問はれない。
〔常会〕
第52条　国会の常会は、毎年一回これを召集する。
〔臨時会〕

第53条　内閣は、国会の臨時会の召集を決定することができる。いづれかの議院の総議員の四分の一以上の要求があれば、内閣は、その召集を決定しなければならない。

〔総選挙、特別会及び緊急集会〕

第54条　衆議院が解散されたときは、解散の日から四十日以内に、衆議院議員の総選挙を行ひ、その選挙の日から三十日以内に、国会を召集しなければならない。

2　衆議院が解散されたときは、参議院は、同時に閉会となる。但し、内閣は、国に緊急の必要があるときは、参議院の緊急集会を求めることができる。

3　前項但書の緊急集会において採られた措置は、臨時のものであつて、次の国会開会の後十日以内に、衆議院の同意がない場合には、その効力を失ふ。

〔資格争訟〕

第55条　両議院は、各々その議員の資格に関する争訟を裁判する。但し、議員の議席を失はせるには、出席議員の三分の二以上の多数による議決を必要とする。

〔議事の定足数と過半数議決〕

第56条　両議院は、各々その総議員の三分の一以上の出席がなければ、議事を開き議決することができない。

2　両議院の議事は、この憲法に特別の定のある場合を除いては、出席議員の過半数でこれを決し、可否同数のときは、議長の決するところによる。

〔会議の公開と会議録〕

第57条　両議院の会議は、公開とする。但し、出席議員の三分の二以上の多数で議決したときは、秘密会を開くことができる。
2　両議院は、各々その会議の記録を保存し、秘密会の記録の中で特に秘密を要すると認められるもの以外は、これを公表し、且つ一般に頒布しなければならない。
3　出席議員の五分の一以上の要求があれば、各議員の表決は、これを会議録に記載しなければならない。
〔役員の選任及び議院の自律権〕
第58条　両議院は、各々その議長その他の役員を選任する。
2　両議院は、各々その会議その他の手続及び内部の規律に関する規則を定め、又、院内の秩序をみだした議員を懲罰することができる。但し、議員を除名するには、出席議員の三分の二以上の多数による議決を必要とする。
〔法律の成立〕
第59条　法律案は、この憲法に特別の定のある場合を除いては、両議院で可決したとき法律となる。
2　衆議院で可決し、参議院でこれと異なつた議決をした法律案は、衆議院で出席議員の三分の二以上の多数で再び可決したときは、法律となる。
3　前項の規定は、法律の定めるところにより、衆議院が、両議院の協議会を開くことを求めることを妨げない。
4　参議院が、衆議院の可決した法律案を受け取つた後、国会休会中の期間を除いて六十日以内に、議決しないときは、衆議院は、参議院がその法律案を否決したものとみなすことができる。
〔衆議院の予算先議権及び予算の議決〕

第60条　予算は、さきに衆議院に提出しなければならない。
2　予算について、参議院で衆議院と異なつた議決をした場合に、法律の定めるところにより、両議院の協議会を開いても意見が一致しないとき、又は参議院が、衆議院の可決した予算を受け取つた後、国会休会中の期間を除いて三十日以内に、議決しないときは、衆議院の議決を国会の議決とする。

〔条約締結の承認〕

第61条　条約の締結に必要な国会の承認については、前条第二項の規定を準用する。

〔議院の国政調査権〕

第62条　両議院は、各々国政に関する調査を行ひ、これに関して、証人の出頭及び証言並びに記録の提出を要求することができる。

〔国務大臣の出席〕

第63条　内閣総理大臣その他の国務大臣は、両議院の一に議席を有すると有しないとにかかはらず、何時でも議案について発言するため議院に出席することができる。又、答弁又は説明のため出席を求められたときは、出席しなければならない。

〔弾劾裁判所〕

第64条　国会は、罷免の訴追を受けた裁判官を裁判するため、両議院の議員で組織する弾劾裁判所を設ける。
2　弾劾に関する事項は、法律でこれを定める。

第5章　内閣

〔行政権の帰属〕
第65条　行政権は、内閣に属する。
〔内閣の組織と責任〕
第66条　内閣は、法律の定めるところにより、その首長たる内閣総理大臣及びその他の国務大臣でこれを組織する。
2　内閣総理大臣その他の国務大臣は、文民でなければならない。
3　内閣は、行政権の行使について、国会に対し連帯して責任を負ふ。
〔内閣総理大臣の指名〕
第67条　内閣総理大臣は、国会議員の中から国会の議決で、これを指名する。この指名は、他のすべての案件に先だつて、これを行ふ。
2　衆議院と参議院とが異なつた指名の議決をした場合に、法律の定めるところにより、両議院の協議会を開いても意見が一致しないとき、又は衆議院が指名の議決をした後、国会休会中の期間を除いて十日以内に、参議院が、指名の議決をしないときは、衆議院の議決を国会の議決とする。
〔国務大臣の任免〕
第68条　内閣総理大臣は、国務大臣を任命する。但し、その過半数は、国会議員の中から選ばれなければならない。
2　内閣総理大臣は、任意に国務大臣を罷免することができる。
〔不信任決議と解散又は総辞職〕
第69条　内閣は、衆議院で不信任の決議案を可決し、又は信任の決議案を否決したときは、十日以内に衆議院が解散されない限り、総辞職をしなければならない。
〔内閣総理大臣の欠缺又は総選挙施行による総辞職〕
第70条　内閣総理大臣が欠けたとき、又は衆議院議員総選挙の後に初めて国会の召集があつたときは、内閣は、総辞職をしなければならない。
〔総辞職後の職務続行〕
第71条　前二条の場合には、内閣は、あらたに内閣総理大臣が任命されるまで引き続きその職務を行ふ。
〔内閣総理大臣の職務権限〕
第72条　内閣総理大臣は、内閣を代表して議案を国会に提出し、一般国務及び外交関係について国会に報告し、並びに行政各部を指揮監督する。
〔内閣の職務権限〕
第73条　内閣は、他の一般行政事務の外、左の事務を行ふ。
一　法律を誠実に執行し、国務を総理すること。
二　外交関係を処理すること。
三　条約を締結すること。但し、事前に、時宜によつては事後に、国会の承認を経ることを必要とする。
四　法律の定める基準に従ひ、官吏に関する事務を掌理すること。
五　予算を作成して国会に提出すること。
六　この憲法及び法律の規定を実施するために、政令を制定すること。但し、政令には、特にその法律の委任がある場合を除いては、罰則を設けることができない。
七　大赦、特赦、減刑、刑の執行の免除及び復権を決定すること。
〔法律及び政令への署名と連署〕
第74条　法律及び政令には、すべて主任の国務大臣が署名し、内閣総理大臣が連署することを必要とする。
〔国務大臣訴追の制約〕
第75条　国務大臣は、その在任中、内閣総理大臣の同意がなければ、訴追されない。但し、これがため、訴追の権利は、害されない。

第6章　司法

〔司法権の機関と裁判官の職務上の独立〕
第76条　すべて司法権は、最高裁判所及び法律の定めるところにより設置する下級裁判所に属する。
2　特別裁判所は、これを設置することができない。行政機関は、終審として裁判を行ふことができない。
3　すべて裁判官は、その良心に従ひ独立してその職権を行ひ、この憲法及び法律にのみ拘束される。
〔最高裁判所の規則制定権〕
第77条　最高裁判所は、訴訟に関する手続、弁護士、裁判所の内部規律及び司法事務処理に関する事項について、規則を定める権限を有する。
2　検察官は、最高裁判所の定める規則に従はなければならない。

3　最高裁判所は、下級裁判所に関する規則を定める権限を、下級裁判所に委任することができる。

〔裁判官の身分の保障〕

第78条　裁判官は、裁判により、心身の故障のために職務を執ることができないと決定された場合を除いては、公の弾劾によらなければ罷免されない。裁判官の懲戒処分は、行政機関がこれを行ふことはできない。

〔最高裁判所の構成及び裁判官任命の国民審査〕

第79条　最高裁判所は、その長たる裁判官及び法律の定める員数のその他の裁判官でこれを構成し、その長たる裁判官以外の裁判官は、内閣でこれを任命する。

2　最高裁判所の裁判官の任命は、その任命後初めて行はれる衆議院議員総選挙の際国民の審査に付し、その後十年を経過した後初めて行はれる衆議院議員総選挙の際更に審査に付し、その後も同様とする。

3　前項の場合において、投票者の多数が裁判官の罷免を可とするときは、その裁判官は、罷免される。

4　審査に関する事項は、法律でこれを定める。

5　最高裁判所の裁判官は、法律の定める年齢に達した時に退官する。

6　最高裁判所の裁判官は、すべて定期に相当額の報酬を受ける。この報酬は、在任中、これを減額することができない。

〔下級裁判所の裁判官〕

第80条　下級裁判所の裁判官は、最高裁判所の指名した者の名簿によつて、内閣でこれを任命する。

その裁判官は、任期を十年とし、再任されることができる。但し、法律の定める年齢に達した時には退官する。

2 下級裁判所の裁判官は、すべて定期に相当額の報酬を受ける。この報酬は、在任中、これを減額することができない。

〔最高裁判所の法令審査権〕

第81条 最高裁判所は、一切の法律、命令、規則又は処分が憲法に適合するかしないかを決定する権限を有する終審裁判所である。

〔対審及び判決の公開〕

第82条 裁判の対審及び判決は、公開法廷でこれを行ふ。

2 裁判所が、裁判官の全員一致で、公の秩序又は善良の風俗を害する虞があると決した場合には、対審は、公開しないでこれを行ふことができる。但し、政治犯罪、出版に関する犯罪又はこの憲法第三章で保障する国民の権利が問題となつてゐる事件の対審は、常にこれを公開しなければならない。

第7章 財政

〔財政処理の要件〕

第83条 国の財政を処理する権限は、国会の議決に基いて、これを行使しなければならない。

〔課税の要件〕

第84条 あらたに租税を課し、又は現行の租税を変更するには、法律又は法律の定める条件によることを必要とする。

〔国費支出及び債務負担の要件〕
第85条　国費を支出し、又は国が債務を負担するには、国会の議決に基くことを必要とする。
〔予算の作成〕
第86条　内閣は、毎会計年度の予算を作成し、国会に提出して、その審議を受け議決を経なければならない。
〔予備費〕
第87条　予見し難い予算の不足に充てるため、国会の議決に基いて予備費を設け、内閣の責任でこれを支出することができる。
2　すべて予備費の支出については、内閣は、事後に国会の承諾を得なければならない。
〔皇室財産及び皇室費用〕
第88条　すべて皇室財産は、国に属する。すべて皇室の費用は、予算に計上して国会の議決を経なければならない。
〔公の財産の用途制限〕
第89条　公金その他の公の財産は、宗教上の組織若しくは団体の使用、便益若しくは維持のため、又は公の支配に属しない慈善、教育若しくは博愛の事業に対し、これを支出し、又はその利用に供してはならない。
〔会計検査〕
第90条　国の収入支出の決算は、すべて毎年会計検査院がこれを検査し、内閣は、次の年度に、その検査報告とともに、これを国会に提出しなければならない。

2　会計検査院の組織及び権限は、法律でこれを定める。

〔財政状況の報告〕

第91条　内閣は、国会及び国民に対し、定期に、少くとも毎年一回、国の財政状況について報告しなければならない。

第8章　地方自治

〔地方自治の本旨の確保〕

第92条　地方公共団体の組織及び運営に関する事項は、地方自治の本旨に基いて、法律でこれを定める。

〔地方公共団体の機関〕

第93条　地方公共団体には、法律の定めるところにより、その議事機関として議会を設置する。

2　地方公共団体の長、その議会の議員及び法律の定めるその他の吏員は、その地方公共団体の住民が、直接これを選挙する。

〔地方公共団体の権能〕

第94条　地方公共団体は、その財産を管理し、事務を処理し、及び行政を執行する権能を有し、法律の範囲内で条例を制定することができる。

〔一の地方公共団体のみに適用される特別法〕

第95条　一の地方公共団体のみに適用される特別法は、法律の定めるところにより、その地方公共団体の住民の投票においてその過半数の同意を得なければ、国会は、これを制定することができない。

第9章　改正

〔憲法改正の発議、国民投票及び公布〕

第96条　この憲法の改正は、各議院の総議員の三分の二以上の賛成で、国会が、これを発議し、国民に提案してその承認を経なければならない。この承認には、特別の国民投票又は国会の定める選挙の際行はれる投票において、その過半数の賛成を必要とする。

2　憲法改正について前項の承認を経たときは、天皇は、国民の名で、この憲法と一体を成すものとして、直ちにこれを公布する。

第10章　最高法規

〔基本的人権の由来特質〕

第97条　この憲法が日本国民に保障する基本的人権は、人類の多年にわたる自由獲得の努力の成果であつて、これらの権利は、過去幾多の試錬に堪へ、現在及び将来の国民に対し、侵すことのできない永久の権利として信託されたものである。

〔憲法の最高性と条約及び国際法規の遵守〕

第98条　この憲法は、国の最高法規であつて、その条規に反する法律、命令、詔勅及び国務に関するその他の行為の全部又は一部は、その効力を有しない。

2　日本国が締結した条約及び確立された国際法規は、これを誠実に遵守することを必要とする。

〔憲法尊重擁護の義務〕

第99条　天皇又は摂政及び国務大臣、国会議員、裁判官その他の公務員は、この憲法を尊重し擁護する義務を負ふ。

第11章　補則

〔施行期日と施行前の準備行為〕

第100条　この憲法は、公布の日から起算して六箇月を経過した日〔昭二二・五・三〕から、これを施行する。

2　この憲法を施行するために必要な法律の制定、参議院議員の選挙及び国会召集の手続並びにこの憲法を施行するために必要な準備手続は、前項の期日よりも前に、これを行ふことができる。

〔参議院成立前の国会〕

第101条　この憲法施行の際、参議院がまだ成立してゐないときは、その成立するまでの間、衆議院は、国会としての権限を行ふ。

〔参議院議員の任期の経過的特例〕

第102条　この憲法による第一期の参議院議員のうち、その半数の者の任期は、これを三年とする。その議員は、法律の定めるところにより、これを定める。

〔公務員の地位に関する経過規定〕

第103条　この憲法施行の際現に在職する国務大臣、衆議院議員及び裁判官並びにその他の公務員で、その地位に相応する地位がこの憲法で認められてゐる者は、法律で特別の定をした場合を除いては、この憲法施行のため、当然にはその地位を失ふことはない。但し、この憲法によつて、後任者が選挙又は任命されたときは、当然その地位を失ふ。

資料2
年表　日本国憲法の誕生　（国立国会図書館ウェブサイトより）

1939年

9月1日　第二次世界大戦開始。

1940年

7月22日　第2次近衛文麿内閣成立。

10月12日　大政翼賛会発会式。

1941年

7月18日　第3次近衛内閣成立。

8月14日　ルーズベルト、チャーチル、「大西洋憲章」を発表（9月24日、ソ連、自由フランスなど15か国が参加を表明）。

10月18日　東条英機内閣成立。

12月8日　太平洋戦争開始。

1942年

1月1日　連合国共同宣言調印（26か国参加）。

2月　「戦後対外政策に関する諮問委員会」発足（委員長：国務長官。政治小委員会、領土小委員会など設置）。

4月30日　第21回衆議院総選挙（いわゆる翼賛選挙）。

5月20日　翼賛政治会結成。

10月　国務省特別調査部極東班で日本戦後処理案の研究開始。

1943年

1月24日　ルーズベルト、チャーチル、枢軸国の無条件降伏を要求する「カサブランカ宣言」。

7月28日　国務省極東班、「日本の戦後処理に適用すべき一般原則」を領土小委員会に提出。

10月初　国務省極東地域委員会が活動開始。

11月22日　米英中、カイロ会談（11月23日にルーズベルトと蔣介石、天皇制について話合い。12月1日、カイロ宣言発表。日本の無条件降伏、台湾返還、朝鮮独立など）。

1944年

1月15日　国務省内に戦後計画委員会（ＰＷＣ）設置。

7月22日　小磯国昭内閣成立。
8月21日　米英中ソ、ダンバートン・オークス会議開催（10月9日、国際連合案を発表）。
12月19日　国務・陸・海軍三省調整委員会（ＳＷＮＣＣ：以下「三省調整委員会」）第1回会合。

1945年

2月4日　米英ソ、ヤルタ会談（2月11日、ヤルタ協定。ソ連の対日参戦など）。
2月5日　三省調整委員会極東小委員会（ＳＦＥ）第1回会合。
3月30日　翼賛政治会解消、大日本政治会結成。
4月1日　米軍、沖縄本島への上陸開始。
4月7日　鈴木貫太郎内閣成立。
4月12日　トルーマン、大統領に就任。
5月7日　ドイツ、連合国に対し無条件降伏。
5月8日　トルーマン、日本に対し無条件降伏を勧告。
6月5日　トルーマン、極東諮問委員会（ＦＥＡＣ）付託条項を承認。
6月11日　三省調整委員会極東小委員会、初期対日方針に関する原案「ＳＷＮＣＣ150」作成。
6月25日　サンフランシスコで国連憲章採択。
7月17日　米英ソ、ポツダム会談開催（～8月2日）。
7月25日　佐藤尚武駐ソ大使、ソ連に条件付和平の斡旋を依頼。
7月26日　米英中、「ポツダム宣言」発表。
7月28日　鈴木首相、記者団に対しポツダム宣言黙殺・戦争邁進を表明。
8月6日　広島に原爆投下。
8月8日　ソ連、対日宣戦・ポツダム宣言参加。
8月9日　長崎に原爆投下。
8月10日　御前会議、国体護持を条件にポツダム宣言受諾決定。政府、中立国を通じ連合国に申入れ。
8月11日　バーンズ国務長官の名で日本政府の申入れに回答。
8月14日　御前会議、ポツダム宣言受諾最終決定、中立国を通じ連合国に申入れ。
　天皇、終戦の詔書を録音。
　内務省警保局、「治安維持に関する件」通牒。
　マッカーサー米太平洋陸軍司令官、連合国最高司令官（ＳＣＡＰ）に就任。
8月15日　正午、終戦の詔書を放送。鈴木内閣総辞職。

8月16日　天皇、即時停戦下命。
8月17日　スターリン、北海道北部の占領を要求（18日、トルーマンはこれを拒否）。
8月18日　東久邇宮稔彦内閣成立（副総理格に近衛国務相）。
天皇、陸海軍人に、終戦の決定に従うよう勅語。
ソ連軍、千島列島の日本軍守備隊に攻撃開始。
トルーマン、「日本の敗北後における本土占領軍の国家的構成」（SWNCC70／5）を承認（日本の分割占領を回避）。
8月19日　政府、陸海軍の全部隊に停戦を示達。
8月20日　河辺虎四郎陸軍中将ら全権委員、マニラで降伏文書・一般命令第1号を受領。
英政府、連合国対日管理理事会の設置を提案。
8月21日　米政府、極東諮問委員会付託条項を英中ソに送付。
8月23日　米政府、英の対日管理理事会設置要求を拒否。
8月26日　終戦連絡中央事務局設置。
軍需省・大東亜省廃止。
8月28日　東久邇宮、記者会見で国体護持と全国民総懺悔を呼びかけ。
閣議、言論・集会・結社の取締方針を治安警察法精神の戦前の状態に戻すことを決定。
米占領軍（第8軍先遣隊）、日本本土進駐開始。米太平洋陸軍総司令部（GHQ／AFPAC。以下、10月2日に至るまで「GHQ」）マニラより横浜に移転。
8月29日　陸軍省、「初期対日方針」（SWNCC150／3）をマッカーサーに通達。
8月30日　マッカーサー、厚木飛行場到着。
8月31日　東久邇宮、新聞紙上で「国民からの意見を政治の参考としたい」との呼びかけ。
国務・陸・海軍長官、修正「初期対日方針」（SWNCC150／4）承認。
9月1日　第88回帝国議会（臨時会）召集（9月4日開院式。9月6日閉院式）。
内閣調査局設置（綜合計画局廃止）。
9月2日　東京湾の米戦艦ミズーリ上で降伏文書調印。
マッカーサー、占領条件に関する「一般命令第1号」の実施を指令。
9月3日　バーンズ、日本の精神的武装解除と教育改革に関する声明。
マッカーサー、重光葵外相と会談、軍政三布告を撤回。
9月5日　東久邇宮、帝国議会で施政方針演説。

9月5日　ソ連軍、千島列島・歯舞諸島の占領を完了。
9月6日　トルーマン、「初期対日方針」（SWNCC150／4）を承認し、マッカーサーに指令するとともに、最高司令官の権限に関してマッカーサーに通達。
9月8日　米占領軍、東京に進駐開始。
9月9日　マッカーサー、日本管理方針に関する声明（間接統治、自由主義助長等）。
9月10日　GHQ、「言論およびプレスの自由に関する覚書」（検閲開始）。
ロンドン外相会議（米英仏ソ中）開催（～10月2日。旧枢軸国との講和問題などについて協議。極東諮問委員会の設置を決定）。
9月11日　GHQ、東条・東郷茂徳ら39名を戦犯容疑で逮捕指令。
9月13日　近衛、マッカーサーを訪問。
大本営廃止。
9月14日　大日本政治会解散。
GHQ、同盟通信社を配信停止処分（～9月15日正午）。
9月15日　東久邇宮、マッカーサーを訪問。
9月17日　重光外相辞任、後任に吉田茂任命。
GHQ、東京移転。
9月18日　東久邇宮、外国人記者団との初会見（憲法修正に関して、内政改革の時間的余裕はないと発言）。
入江俊郎法制局第1部長「終戦と憲法」。
9月19日　GHQ、朝日新聞を発行停止処分（9月19～20日休刊）。
GHQ、「プレス・コードに関する覚書」。
9月20日　緊急勅令「ポツダム宣言の受諾に伴ひ発する命令に関する件」公布。
9月22日　国務省、「初期対日方針」（SWNCC150／4／A）発表。
GHQ、「ラジオ・コードに関する覚書」。
9月24日　GHQ、新聞・通信社に対する政府の統制廃止を指示。
GHQ、戦争犯罪人規程（BC級）発表。
9月25日　大日本弁護士会連合会、司法制度改革案を東久邇宮首相に建議。
9月27日　天皇、マッカーサーを訪問（第1回会見）。
9月28日　宮沢俊義東大教授、外務省において講演「ポツダム宣言に基く憲法、同付属法令改正要点」。
9月29日　各紙、天皇のマッカーサー訪問時の写真を掲載。内閣情報局、これを不敬として発禁処分。

9月30日　東久邇宮、マッカーサーを訪問。

GHQ、天皇のマッカーサー訪問時の写真を掲載した新聞に対する政府の発禁処分の取消しを指示。

GHQ、戦時諸法令廃止指令。

10月1日　大日本産業報国会解散。

終戦連絡中央事務局官制改正公布（外相の管理下に各省の連絡を緊密化）。

GHQ、「郵便検閲に関する覚書」。

10月2日　連合国最高司令官総司令部（GHQ／SCAP）設置（民政局など幕僚部9局設置）。

10月3日　山崎巌内相、「治安維持法に基づく共産主義者の検挙継続」と発言。

10月4日　近衛、マッカーサーと会談し、憲法改正の示唆を受ける。

GHQ、「自由の指令」（内相らの罷免、思想・言論規制法規の廃止、特高の廃止、政治犯の釈放等）。

政治顧問アチソン、国務省に対し、憲法改正問題に関する指示要請の打電。

10月5日　東久邇宮内閣総辞職。

10月6日　特高警察廃止。

10月8日　近衛、高木八尺東大教授らとともに、アチソンと会談し、憲法改正の論点につき示唆を受ける。

10月9日　幣原喜重郎内閣成立。

GHQ、東京5紙（朝日、毎日、読売、東京、日本産業）に新聞事前検閲を開始。

10月10日　松本烝治国務相、初閣議で憲法改正問題について発言。

政治犯釈放。出獄した徳田球一・志賀義雄ら、「人民に訴ふ」発表。

アチソン、近衛への私的な示唆について国務省に通知。

10月11日　閣議、治安維持法および関連法令の廃止決定。

近衛、内大臣府御用掛に任命。

幣原、マッカーサーを訪問し、憲法の自由主義化の示唆および人権確保の五大改革指令を受ける。

10月13日　各紙、天皇の下問を受け近衛らが憲法改正作業開始と報道。

幣原・松本、近衛と会見し、内大臣府の憲法改正作業に対し抗議。

佐々木惣一元京大教授、内大臣府御用掛に任命。

臨時閣議、憲法改正のための研究開始を決定（担当大臣松本）。

国防保安法・軍機保護法・言論出版集会結社等臨時取締法などの廃止の件公布。

10月15日　近衛、外国マスコミと会見し、憲法改正構想につき談話。

松本、憲法改正は内閣の責任と談話。

10月15日　治安維持法・思想犯保護観察法などの廃止の件公布。
海軍軍令部廃止。
10月16日　宮沢、毎日新聞で近衛の改正作業を批判。
10月17日　日本社会党設立委員会、内大臣府および政府の作業を批判。
10月20日　アチソン、国務省より、憲法改正の基本的事項のアウトラインにつき訓令を受領。
10月21日　美濃部達吉東大名誉教授、朝日新聞連載（〜10月22日）で憲法改正不急論を主張。
近衛、外国マスコミに対し、GHQへの憲法草案提出および天皇の退位問題に言及。
佐々木、毎日新聞で内大臣府の作業への批判に対して反論。
10月22日　GHQ、「教育制度の運営に関する覚書」（軍国主義的・国家主義的教育の禁止、代議政治・国際平和・基本的人権のための教育を奨励）。
10月23日　幣原、近衛の21日の発言に対し訂正を申入れ。
10月24日　松本、近衛と会見し、21日の発言に対して抗議。
近衛、記者団に対し21日の発言につき釈明。
佐々木、京大名誉教授の称号を受ける。
国連憲章発効、国際連合が正式に成立。
10月25日　憲法問題調査委員会を設置。松本委員長、「直ちに改正案の起草に当たることは考えていない」と談話。
日本自由党、党名正式決定とともに綱領5項目決定。
政治顧問部、高木らに対し10月8日の近衛への提案の補足説明。
10月27日　憲法問題調査委、第1回総会で委員会設置の趣旨説明（以後1946年2月2日まで7回開催）。
10月30日　憲法問題調査委、第1回調査会で明治憲法の自由討議（以後、小委員会を含み1946年1月26日まで15回開催）。
極東諮問委員会第1回会合開催（ソ連、参加拒否）。
11月1日　GHQ、憲法改正問題における近衛との関係の否定を声明。
統合参謀本部（JCS）、「日本占領および管理のための連合国最高司令官に対する降伏後における初期基本的指令」（JCS1380／5）。
11月2日　憲法問題調査委、第2回調査会で各論点の検討作業。
日本社会党結成（書記長片山哲）。
11月5日　閣議、戦争責任に関する件決定（天皇の戦争責任の否定を確認）。
大原社会問題研究所所長高野岩三郎ら、憲法研究会を発足。

11月6日　アチソン、マッカーサーの近衛に対する示唆に関する「誤訳」についてトルーマンに打電。
共産党拡大強化促進委員会、「人民戦線綱領」発表。
11月7日　GHQ、「持株会社の解体に関する覚書」（財閥解体）。
アチソン、国務次官宛航空書簡で、GHQが憲法問題につき国務省を排除していると通知。
11月8日　日本共産党、第1回全国協議会開催（「新憲法の骨子」決定）。
11月9日　松本、憲法問題調査委の活動状況について記者団に説明。
日本自由党結成（総裁鳩山一郎）。
11月10日　憲法問題調査委、第2回総会で松本、憲法改正の可能性に言及。
11月11日　日本共産党、「新憲法の骨子」発表。
11月16日　日本進歩党結成（総裁町田忠治）。
GHQ、非民主主義的映画の排除を指令。
11月18日　GHQ、「皇室財産に関する覚書」（皇室財産取引禁止など）。
11月19日　GHQ、荒木貞夫・松岡洋右ら11名を戦犯容疑で逮捕指令。
11月21日　治安警察法廃止の件公布。
11月22日　近衛、帝国憲法改正要綱を天皇に奉答。
11月24日　佐々木、「帝国憲法改正の必要」を天皇に奉答。
内大臣府廃止。
11月26日　憲法問題調査委、第4回総会で各委員が改正試案を起草することを申合せ。
第89回帝国議会（臨時会）召集（11月27日開院式。12月18日衆議院解散）。
11月30日　参謀本部廃止。
陸軍省・海軍省廃止。第一復員省、第二復員省設置。
12月1日　日本共産党第4回党大会（19年ぶり）で党再建。
12月2日　GHQ、広田弘毅・平沼騏一郎ら59名を戦犯容疑で逮捕指令。
民政局のラウエル、「日本の憲法についての準備的研究と提案のレポート」を作成。
12月6日　GHQ、近衛・木戸幸一ら9名を戦犯容疑で逮捕指令。
12月8日　松本、衆議院予算委で「憲法改正四原則」表明。
12月9日　GHQ、「農地改革に関する覚書」。
12月15日　GHQ、「神道に対する政府の保証・支援・保全・監督および弘布の廃止に関する覚書」。
ホイットニー、民政局長就任。

12月16日　近衛、服毒自殺。
12月17日　モスクワ外相会議（米英ソ）開催（〜12月26日。占領・講和問題、極東問題を協議）。
12月18日　衆議院議員選挙法改正公布（婦人参政権等）。
　　　　　衆議院解散。
12月19日　日本協同党結成（委員長山本実彦）。
12月20日　情報局与論調査課「憲法改正に関する世論調査報告」。
12月21日　国家総動員法、戦時緊急措置法各廃止の件公布。
12月22日　毎日新聞、「近衛公の憲法改正草案」を掲載。
12月26日　労働組合法公布。
　　　　　憲法問題調査委、第6回総会で大改正・小改正の各案の作成を決定。
　　　　　野村淳治顧問、意見書を提出。
　　　　　憲法研究会、「憲法草案要綱」発表。
12月27日　モスクワ外相会議、「モスクワ宣言」発表（朝鮮信託統治、極東委員会（FEC）および対日理事会（ACJ）の設置）。
12月28日　宗教団体法等廃止の件、宗教法人令、各公布。
12月29日　農地調整法改正法（第1次農地改革）、政治犯人等の資格回復に関する件、各公布。
12月31日　情報局廃止。
　　　　　連合軍通訳翻訳部（ATIS）、憲法研究会案を翻訳。

1946年

1月1日　天皇、神格否定の詔書（人間宣言）。
　　　　松本、憲法改正私案の起草開始。
1月2日　マッカーサー、天皇の人間宣言に関し満足の意表明。
1月3日　アチソン、憲法研究会案につき国務長官に報告。
　　　　陸軍省、マッカーサーの日本管理に関する報告書発表（日本の民主化と日本人再教育等について）。
1月4日　松本、「憲法改正私案」脱稿。
　　　　憲法問題調査委、第8回調査会（宮沢、入江、佐藤達夫各委員らによる小委員会）に、宮沢作成の甲案・乙案を提出。
　　　　GHQ、軍国主義者の公職追放および超国家主義団体の解散を指令。
1月7日　松本、私案につき天皇に奏上。

1月9日　三省調整委員会、「日本の統治体制の改革」（SWNCC228）決定。
1月11日　憲法問題調査委・第10回調査会（小委員会）に松本、私案を提出。
極東諮問委員会調査団来日。
三省調整委員会、マッカーサーに「SWNCC228」を「情報」として通知。
1月12日　ラウエル、憲法研究会案に対する所見を幕僚長に提出。
民主主義科学者協会設立大会。
野坂参三、延安より帰国。
1月13日　GHQ、「選挙に関する覚書」で、3月15日以降の総選挙施行を許可。
幣原内閣改造（公職追放指令に伴う入れ替え）。
1月14日　野坂、共産党中央委員会と共同で、制度としての「天皇制」は打倒するが、信仰の対象としての「皇室」については国民の判断によると声明。
1月17日　極東諮問委員会調査団、GHQ民政局との会談で憲法改正につき質問。
1月19日　マッカーサー、極東国際軍事裁判所条例を承認、同裁判所の設置を命令。
1月21日　日本自由党、「憲法改正要綱」発表。
大日本弁護士会連合会、「憲法改正案」を総会で決定。
1月23日　幣原、記者会見で立憲君主制維持の必要性を強調。
1月24日　幣原、マッカーサーと会談（天皇制存続と戦争放棄に関して話合い）。
1月25日　高野、民主主義的憲法制定会議の招集を提唱。
マッカーサー、天皇の戦犯除外に関し、アイゼンハワー陸軍参謀総長宛書簡。
1月26日　憲法問題調査委、第15回調査会で、「憲法改正要綱」（甲案：松本私案を要綱化したもの）および「憲法改正案」（乙案：従来の甲案）を議論。
1月27日　歴史学研究会、講演会「各国君主制の歴史」開催（英、独、仏、露の君主制、わが国の天皇制の歴史について）。
1月28日　GHQ、「映画検閲に関する覚書」。
1月29日　マッカーサー、極東諮問委員会調査団との会見で、憲法問題については示唆に限定と発言。
GHQ、琉球列島・小笠原群島などに対する日本政府の行政権を停止。
1月30日　臨時閣議で松本私案・甲案・乙案を議論（～2月4日）。幣原首相ら、軍規定の削除を求める。
1月31日　英連邦の日本占領に関する米豪政府間協定発表。
2月1日　毎日新聞、「憲法問題調査委員会試案」のスクープ記事掲載。

2月1日　GHQ、日本政府に憲法問題調査委案の正確な内容を知らせるよう要求。
極東諮問委員会調査団、離日。
ホイットニー、マッカーサーにメモ「憲法改正について」（極東委員会とGHQの憲法改正権限の関係）を提出。
2月2日　憲法問題調査委、第7回総会（結果的に最終総会となる）。
2月3日　ホイットニー、マッカーサーにメモ「憲法改正（松本案）について」を提出。
マッカーサー、3原則を提示し、民政局に憲法改正案（GHQ草案）の作成指示。
2月4日　民政局、GHQ草案起草作業開始。
2月6日　ホイットニー、マッカーサーにメモ「憲法改正について」（日本政府の改正案に関する情報）を提出。
GHQ、下村定ら19名を戦犯容疑で逮捕指令。
2月7日　松本、「憲法改正要綱」につき天皇に奏上。
2月8日　政府、「憲法改正要綱」と「説明書」をGHQに提出。
「憲法改正要綱」の一時的受取り（2月13日に会議を持つことを約束）。
2月10日　GHQ原案脱稿、マッカーサーに提出（2月12日まで調整作業継続）。
2月12日　マッカーサー、GHQ草案承認。
ケーディス民政局行政課長（のち民政局次長）、「憲法改正要綱」に対する批判的所見をホイットニーに提出。
2月13日　ホイットニーら、「憲法改正要綱」の受取りを正式に拒否するとともに、GHQ草案を吉田外相、松本らに手交。
2月14日　日本進歩党、「憲法改正案要綱」決定。
憲法研究会、憲法制定準備会議の開催を提唱する声明発表。
東京帝国大学憲法研究委員会設置。
2月15日　終戦連絡事務局参与白洲次郎、いわゆる「ジープ・ウェイ・レター」をホイットニーに送付。
2月16日　ホイットニー、白洲に返書。
2月18日　松本、「憲法改正案説明補充」をGHQに提出。
ホイットニー、松本の「説明補充」を拒絶し、GHQ草案受入れにつき48時間以内の回答を迫る。
2月19日　松本、GHQ草案につき閣議に報告。
天皇、国内巡幸開始。
2月21日　幣原、マッカーサーと会見し、GHQ草案についての意向を確認。

2月22日　閣議、GHQ草案受入れ決定。
　松本・吉田・白洲、GHQを訪問しホイットニーらと会見。
　幣原、天皇に事情説明。
2月23日　日本社会党、「憲法改正要綱」発表。
2月25日　閣議でGHQ草案の外務省仮訳を配布。総選挙期日を4月10日と決定。
2月26日　閣議、GHQ草案に基づく日本案の起草を決定、開始。
　極東委員会、ワシントンで第1回会議（11か国で構成。ソ・豪・英、天皇制廃止を主張）。
3月2日　日本案（「3月2日案」）完成。
3月4日　政府、「3月2日案」をGHQに提出。佐藤（達）法制局第1部長とケーディスらが翌日まで交渉しこれに修正を加える。
3月5日　閣議、GHQとの交渉により修正された草案の採択決定（日本政府の確定草案「3月5日案」成立）。
　稲田正次東京文理大助教授らの憲法懇談会、「日本国憲法草案」を政府に提出（3月4日付）。
　米国教育使節団来日。
3月6日　政府、「憲法改正草案要綱」発表。
　マッカーサー、「憲法改正草案要綱」承認の声明。
3月8日　政治顧問部のビショップ、草案要綱につき郵便で国務長官宛報告。
3月10日　衆議院議員総選挙公示。
3月18日　外務省総務局「憲法草案要綱に関する内外の反響（其の一）」作成。
3月20日　幣原、枢密院に草案発表の経緯報告。
　極東委員会、マッカーサーに対し、憲法草案に対する極東委員会の最終審査権の留保、総選挙の延期などを要求。
3月26日　憲法改正案審議のため金森徳次郎を内閣嘱託に任命。
　国民の国語運動連盟（代表・安藤正次）、憲法の口語化を政府に建議。
3月29日　マッカーサー、極東委員会の総選挙延期要求に対し拒否の返電。
3月30日　米国教育使節団、教育の民主化を勧告した報告書提出。
4月2日　憲法の口語化につき、GHQの了承をえて、閣議で了解。
4月3日　入江法制局長官、佐藤（達）同次長ら、草案の口語化作業。
4月5日　口語化案、閣議で承認（口語化第1次案）。
　対日理事会第1回会合でマッカーサー、対日理事会の権限が「助言」に限定されることを強調。

4月7日　「民主憲法は人民の手で」をスローガンに、幣原内閣打倒人民大会開催。
4月10日　新選挙法による第22回衆議院議員総選挙施行。
極東委員会、憲法改正問題に関する協議のためGHQ係官の派遣をマッカーサーに求める決定（米を含め全委員一致）。
4月13日　幣原、記者会見で「憲法改正は現内閣で」と語る。
4月16日　政府、「憲法改正草案」発表。枢密院に諮詢。
4月17日　「4月13日草案」（口語化第2次案）。
4月19日　対日理事会の会合でホイットニー、日本の民主化は順調、選挙結果も満足すべきものと発言。
国務省極東局長、マッカーサー説得は無益とバーンズ長官に進言。
4月22日　幣原内閣総辞職。
枢密院、憲法改正草案第1回審査委員会（5月15日まで8回開催）。
4月23日　幣原、進歩党総裁就任。
4月26日　高野、NHK会長に就任。
4月30日　鳩山、自由党単独組閣の方針を決定。
5月3日　松本、枢密院で「政府としては原案を修正し得ず」と発言。
極東国際軍事裁判開廷（東条ら28名、A級戦犯として起訴）。
5月4日　外務省「憲法草案要綱に関する内外の反響（其の二）」作成。
GHQ、鳩山公職追放の旨を政府に通達。
5月13日　極東委員会、新憲法採択の3原則を決定（審議のための充分な時間と機会、明治憲法との法的連続性、国民の自由意思を明確に表す方法による新憲法採択）。
5月14日　吉田、自由党総裁就任受諾。
5月16日　第90回帝国議会（臨時会）召集（6月20日開院式、10月12日閉院式）。
吉田茂に組閣命令。
5月19日　食糧メーデー、プラカード事件。
5月20日　マッカーサー、食糧メーデーに関し「暴民デモ許さず」と声明。
5月21日　GHQ、「皇族の財産上の特権等廃止に関する覚書」（5月23日発表）。
5月22日　吉田内閣成立（第1次）、このため枢密院に諮詢中の憲法改正草案を一時撤回。
5月24日　天皇、食糧事情に関し「家族国家の伝統に期待して食糧難克服」と録音放送。
協同民主党発足（委員長山本実彦）。

5月27日　政府、憲法改正草案に若干の修正を加えて枢密院に再諮詢。
5月29日　枢密院、草案審査委員会再開（6月3日まで3回開催）。枢密院で吉田、議会での修正可能と言明。
6月1日　国務省、4月10日極東委員会決定を拒否するマッカーサーの回答を極東委員会FECに回送。
6月4日　民主主義科学者協会第2回総会（～6月2日。憲法改正審議は帝国議会ではなく、特別の機関を設置して行うべき旨を決議）。
6月8日　極東委員会、天皇制存続の可否に関して討議。
6月9日　枢密院本会議、天皇臨席の下で憲法改正草案を起立多数により可決（美濃部顧問官、起立せず）。
6月11日　警察制度改革に関するバレンタイン調査団報告発表（警察の地方分権化、民衆化など）。
6月12日　三省調整委員会、「新憲法採択に関する米国の方針」決定（SWNCC228／3。憲法制定議会または国民投票による憲法制定を示唆）。
6月18日　占領軍の占領目的に有害な行為に対する処罰等に関する件公布。
6月19日　キーナン極東国際軍事裁判所米主席検事、ワシントンにおいて、天皇を戦争犯罪人として訴追しないと言明。
6月20日　金森、憲法問題担当国務相就任。
6月21日　第90回帝国議会開院式（開院式勅語、初めて口語体となる）。「帝国憲法改正案」を衆議院に提出。
6月22日　マッカーサー、議会での憲法審議につき極東委員会の新憲法採択の3原則を含む声明発表。
6月25日　東京地検、プラカード事件の被疑者を不敬罪で起訴。
6月26日　「帝国憲法改正案」を衆議院本会議に上程（本会議、28日まで）。
6月27日　衆議院、憲法改正第一読会。吉田、衆議院で「9条は自衛戦争も放棄」と答弁。
6月28日　金森、国体の捉え方について独自のコメント（「あこがれ天皇論」）。
　　　　野坂、衆議院で「自衛権の確保・侵略戦争放棄」の質問。
　　　　衆議院帝国憲法改正案委員会設置（「帝国憲法改正案」を付託。委員長芦田均。8月21日まで21回開催）。
　　　　共産党、「日本人民共和国憲法草案」決定（29日発表）。
7月2日　黒田寿男、衆議院憲法改正委で「社会国家の理念・生存権規定の必要性」発言。
　　　　極東委員会、「日本の新憲法についての基本原則」を決定（主権在民、天皇制の廃止または民主的改革、閣僚のシビリアン要件など）。
7月3日　臨時法制調査会、司法法制審議会設置。
7月6日　統合参謀本部、7月2日極東委員会決定をマッカーサーに指令（マッカーサー、同決定の発表を抑えるよう要請）。

7月16日　衆議院本会議、全会一致でマッカーサーに対する感謝決議採択。
7月17日　GHQ政治顧問コールグローヴ、憲法改正委を訪問、芦田委員長より歓迎を受ける。
7月23日　金森、総理大臣官邸でケーディスと会談（主権在民の明記など憲法の文言に対する示唆を受ける）。
7月29日　衆議院、小委員会設置（25日から8月20日まで13回開催）。
8月10日　小委員会で第9条のいわゆる「芦田修正」提示。
8月12日　教育刷新委員会発足。
8月15日　経済安定本部発足。
8月16日　極東委員会、日本の民事・刑事裁判権が国連構成国の国民に及ばない旨決定。
8月17日　小委員会の修正案ほぼ固まる。
8月19日　小委員会の皇室財産条項修正案に対し自由党内より反発、樋貝詮三衆院議長らが吉田に申入れ。
8月21日　マッカーサー、シビリアン条項の導入を求める極東委員会の意向を吉田に伝える。
8月23日　衆議院憲法改正委、小委員会の各派共同修正案可決。
8月24日　衆議院本会議、樋貝議長の行動を越権行為として不信任決議案提出、翌日否決。
　　　　　樋貝議長辞任（後任山崎猛）。
8月26日　尾崎行雄、衆議院本会議で「良い憲法を作ることは容易だが行うことは難しい」と演説。
　　　　　衆議院本会議、委員会修正案のとおり「帝国憲法改正案」を修正可決、貴族院に送付。
8月27日　貴族院本会議に修正「帝国憲法改正案」を上程（本会議・30日まで）。
8月28日　宮沢、貴族院本会議で金森の国体・天皇問題についての説明を批判。
8月30日　南原繁、貴族院本会議で政府の改正手続きを批判。
9月21日　マッコイ極東委員会議長、憲法付属諸法の制定にも極東委員会が関与すべきことを表明。
9月24日　貴族院帝国憲法改正案特別委員会設置（委員長安倍能成。9月2日から10月3日まで）。
9月25日　極東委員会、第9条修正問題とシビリアン要件につき議論。
9月26日　ホイットニー、吉田を訪問し、普通選挙制および国務大臣のシビリアン規定の追加を指示。
9月27日　極東委員会、憲法問題に関する追加政策決定（シビリアン要件の確認、参議院の衆議院に対する優越性の不保持）。
10月3日　貴族院、小委員会設置（28日から10月2日まで。10月2日に修正案可決）。
10月5日　労働関係調整法公布。
　　　　　貴族院特別委、「帝国憲法改正案」修正可決（普通選挙制、両院協議会、文民条項追加）。
　　　　　佐々木、貴族院本会議で改正案全面反対を主張。

10月6日　貴族院本会議、委員会修正案のとおり「帝国憲法改正案」を修正可決し、衆議院に回付。
10月7日　衆議院、貴族院回付案を可決。
10月9日　GHQ、検察当局の不敬罪被疑者不起訴決定は、新憲法精神の適用と声明。
10月12日　第90回帝国議会閉院式。
10月16日　「修正帝国憲法改正案」を枢密院に諮詢（19日と21日に審査委員会）。
10月17日　天皇、マッカーサーに対し、新憲法成立は「喜びにたえない」と表明。
10月21日　極東委員会、日本国憲法施行後の再検討について政策決定。
10月26日　農地調整法改正法公布、自作農創設特別措置法公布（第2次農地改革）。
10月29日　臨時法制調査会、主要法案要綱を答申。
　枢密院本会議、天皇臨席の下で「修正帝国憲法改正案」を全会一致で可決（美濃部など2名欠席）。天皇、憲法改正を裁可。
11月1日　マッカーサー、10月17日極東委員会決定の公表に反対の旨を回答。
11月3日　日本国憲法公布。貴族院議場で「日本国憲法公布記念式典」挙行。「日本国憲法公布記念祝賀都民大会」開催。
11月4日　マッカーサー、日本国憲法公布に際して日本国民に対しメッセージを発表。
　芦田、新憲法についてのラジオ演説。
11月25日　ウィリアムズ民政局国会課長、山崎衆議院議長に対し国会法の制定につき11項目の指示。
　第91回帝国議会（臨時会）召集（11月26日開院式、12月26日閉院式）。
12月1日　憲法普及会発足（会長芦田）。
12月6日　極東委員会、日本の労働組合奨励策に関する16原則を決定。
12月12日　極東委員会、10月17日決定を日本政府に伝達することを決定。
12月17日　全国労働組合懇談会、生活権確保と吉田内閣打倒をスローガンに国民大会開催。
12月27日　第92回帝国議会（臨時会）召集（12月28日開院式、１９４７年３月31日衆議院解散）。
　吉田、大逆罪の存置を要求するマッカーサー宛書簡を送付。

１９４７年

1月1日　吉田、年頭の辞放送で、労働組合の左派指導者を「不逞の輩」と非難。
　マッカーサー、国民に試練突破を強調する声明。
1月3日　マッカーサー、新憲法の再検討に関して吉田宛に書簡。
1月4日　公職追放令を改正し、追放範囲を拡大。

1月6日　吉田、1月3日マッカーサー書簡に返信。
1月16日　皇室典範、皇室経済法、内閣法、各公布。
1月28日　吉田内閣打倒・危機突破国民大会開催。
1月31日　マッカーサー、2・1スト中止命令。
2月7日　マッカーサー、議会終了後の総選挙実施を指示する吉田宛書簡。
2月14日　第92回帝国議会再開（国会法案などの憲法付属法案の審議）。
2月24日　参議院議員選挙法公布。
2月25日　マッカーサー、大逆罪の廃止に関して吉田宛に書簡。
3月8日　国民協同党結成（書記長三木武夫）。
3月10日　モスクワで4か国（米英仏ソ）外相会議開催（～4月24日。対独講和問題で米ソ対立のまま決裂）。
3月12日　トルーマン・ドクトリン発表。
3月13日　請願法公布。
3月17日　選挙運動の文書図画等の特例に関する法律公布。
改正参議院議員選挙法公布。
3月19日　マッカーサー、早期対日講和声明。
3月20日　対日理事会でアチソン、米国は日本占領の状況に満足と報告。
極東委員会、憲法再検討に関する政策の公表を決定（日本の各紙は同月30日に掲載）。
3月27日　極東委員会、日本の教育制度の刷新に関する政策を決定。
3月28日　恩赦法公布。
3月31日　財政法、教育基本法、学校教育法、改正衆議院議員選挙法、各公布。
衆議院解散（帝国議会終幕）。
民主党結成（進歩党を母体に自由党・国民協同党の脱退者で結成。総裁芦田）。
4月5日　都道府県知事・市区町村長選挙。
4月7日　労働基準法公布。
4月14日　独占禁止法公布。
4月16日　裁判所法公布。
4月17日　地方自治法公布。
4月18日　日本国憲法施行の際に現に効力を有する命令の規定の効力等に関する法律公布。
4月19日　民法、民事訴訟法、刑事訴訟法の各応急的措置法、公布。

4月20日　第1回参議院議員選挙。
4月25日　第23回衆議院議員総選挙。
4月27日　マッカーサー、総選挙結果について「国民は中庸を選んだ」との声明を発表。
4月30日　都道府県会・市区町村議会議員選挙施行（第1回統一地方選挙）。
国会法公布（議院法廃止）。
ホイットニー民政局長、「内務省の分権化に関する覚書」。
5月2日　枢密院官制廃止の件、官吏服務紀律改正、各公布。
マッカーサー、国会などにおける国旗掲揚の許可に関し吉田宛に書簡。
5月3日　日本国憲法施行。
憲法普及会、記念式典開催。
5月20日　第1回国会（特別会）召集（12月9日閉会）。
吉田内閣（第1次）総辞職。
5月24日　片山内閣成立（6月1日組閣完了）。
6月23日　第1回国会開会式。

注　主な参考文献は以下のとおり。
＊国立国会図書館調査［及び］立法考査局［編］『日本国憲法制定経過日録（未定稿の三）』（1956年）
＊憲法調査会『憲法制定の経過に関する小委員会報告書（憲法調査会報告書付属文書第2号）』（1964年）
＊佐藤達夫『日本国憲法成立史第1巻－第4巻』（有斐閣、1962年－1994年）
＊高柳賢三ほか編著『日本国憲法制定の過程Ⅰ・Ⅱ』（有斐閣、1972年）
＊江藤淳編『憲法制定過程（占領史録・第3巻）』（講談社、1982年）
＊五百旗頭真『米国の日本占領政策 上・下』（中央公論社、1985年）
＊岩波書店編集部編『近代日本総合年表 第3版』（岩波書店、1991年）
＊古関彰一『新憲法の誕生』（中公文庫、1995年）
＊芦部信喜ほか編『日本国憲法制定資料全集(1)・(2)（日本立法資料全集71・72）』（信山社、1997年－1998年）
＊杉原泰雄ほか編『日本国憲法史年表』（勁草書房、1998年）
＊西修『日本国憲法はこうして生まれた』（中公文庫、2000年）
＊竹前栄治ほか『憲法制定史（日本国憲法検証1945－2000資料と論点・第1巻）』（小学館文庫、2000年）

あとがき

本書の中で、私も半藤一利さんも改憲とか護憲という立場ではないとくり返し語っている。この二元的な図式で憲法を論じること自体、憲法そのものを侮辱しているのではないか。この図式の中に、まったく違う角度から憲法論議を持ちこみたいというのが、私自身の発想である。

その発想が「憲法を百年いかす」である。あえて補足しておけば、半藤一利氏は、「百年活かす（生かす）」であり、私は「百年持ち続ける」である。その点でふたりの間には若干の認識の違いがあるにせよ、「百年（一世紀）」という時間は共通している。西暦二千百年のうちの百年になれば、二十一分の一であり、国家としての骨格になりうるのではないかと思う。もとよりこの考えには、護憲や改憲を超える強さがあると思う。

現憲法施行を起点に二〇四七年までを百年間とすれば、現在からまだ三十年の時間を要する。私も半藤氏も亡くなっているのは間違いないが、この本づくりに関わった人たちは七十代、八十代である。私としてはこうした人たちに次代を託したいと思う。百年とは個人の時間としてはなかなか存在しえないが、しかし歴史という眼で見るならば、ほんのわずかな時間でしかない。このわずかな時間の中に、この国の先駆的な意味が凝縮されるとするならば、私たちは人類史の中でなんと誇りある時間をもったことになるだろうか。

本書の中でもふれたのだが、私なりの見方を補完する先達の考え方をいまいちど確認しておきたい。その一人は、昭和の軍人石原莞爾である。帝国陸軍の中で歴史観や戦争観をもち、著述活動も数多く行い、自らの理論を残したのはこの軍人だけだ。石原には著作集八巻があるが、こうした全集を持つ軍人はまさに石原だけだが、全集の中に世界最終戦争論、国防論や東亜連盟についての基礎的な考え方が収められている。ただ全集には収められていない石原の思想がある。

敗戦後から昭和二十四年（一九四九）八月十五日に亡くなるまでの間、石原は故郷の山形県にあって、静かに余生を送っていた。来る者拒まずで、ときに講演を、ときに短文を書いたりもしていた。この期の石原は、いわば護憲論者へと変わっていた。新しい憲法を評価し、軍備をもたない道義国家として生きていくのが日本の辿る道だと論じていた。そうした言説のなかでは、アメリカを中心とする連合国が要求する非武装国家を受けいれて、日本は独自の国家をつくりあげ、アメリカなどに道義を軸にした国家がどれほど強いかを示し、そして指導していくほどの心構えをもたなければならないと訴えた。あまつさえ石原は、世界最終戦争などという論理をつくりあげた過去を恥じいるかのような言も吐いている。

石原のこうした言説を、私は素直に評価すべきだと考えている。石原は軍人として、戦争を戦ってみてその愚かさを次代に伝えなければと心底から思ったのではないか、と私は考えている。

もう一人は戦前は言論人、戦後は政治家となった石橋湛山である。昭和三十一年（一九五六）十二月に首相に就任するが、体調がすぐれずわずか六十五日間ほどでその座を去ることになった。明治末年から「東洋経済新報」の社説で持論を訴え続けた石橋は、小日本主義、反軍国主義、商工立国などを訴えて、近代日本のありうべき姿を提示しつづけた。その石橋の憲法論は、まったくユニークで、「九条凍結論」である。この九条は人類の理想やありうべき姿を示していると評価しつつ、現実には未だ軍事が一定の役割を果たしていると認め、限定した枠組の中で再軍備を容認するとの立場である。

改正してしまうにはあまりにも惜しい。それだからこその凍結論になるわけだろうが、確かに法的に難しいとはいうものの「ひとまず九条は凍結しておこう」といった考え方を具体的に確かめると、なによりも九条そのものに価値を置いていることがわかる。理想と現実を使い分けながらの国のあり方を模索していくというわけである。

石原莞爾や石橋湛山の考え方の底流から、「とにかく百年、この国は憲法を持ってみよう」との意思が感じられるではないか。実はこうした姿勢は、昭和二十一年当時、この憲法づくりに加わった先達からも容易に感得されうる。

国立国会図書館に所蔵されている各種記録に、「日本国憲法制定に関する談話録音（談話者　佐藤達夫）」という速記録がある。憲法制定当時、法制局の一文官（のちの法制局長官）の佐藤達夫が憲法制定までの内幕を歴史史料として語った記録である。彼は憲法制定の経緯を具体的に証言している。この録音（合計五日間）は昭和三十年に行われたのであり、その証言内容は歴史的史料としては第一級である。佐藤は第三回の録音時に、幣原喜重郎首相が枢密院で自らの内閣でまとめた憲法草案について説明を行っている光景について語っている。そこで第九条の「戦争放棄」に関して、いかなる説明を行ったかを佐藤は証言している。長くなるのだが引用しておくことにしよう。

「非常に感銘したのは、例の『戦争放棄』の部分について、本当に幣原（喜重郎）さんが、声涙下るような説明ぶりをされたということであります。入江（俊郎）さんも、非常にその点をよく筆記しておられるわけですが、『この第九というのは、どこの憲法にも類例はないと思う。日本が戦争を放棄して、他国もこれについてくるか否かについては、余は今日、直ちにそうなるとは思わんが、戦争放棄は、正義に基づく正しい道であって、日本は今日、この大旗を掲げて、大旗と言われたんじゃないかと思うんですが、大旗を掲げて国際社会の原理をとぼとぼと歩いていく。これにつき従う国があるなしにかかわらず、正しいことであるから、あえてこれを好むのである。原子爆弾といい、またさらに、将来より以上の武器も発明されるかもしれない。今日は残念ながら、各国を武力政策が横行しているけれども、ここ二十年、三十年の将来には、必ず列国は戦争の放棄をしみじみと考えるに至るに違いないと思う。そのときは、余は既に墓場の中にあるであろうが、余は墓場の蔭から後ろを振り返って、列国がこの大道につき従ってくる姿を眺めて喜びとしたい』ってなことを、『以上は戦争放棄の条項に関し、外国新聞社に語った余の所感であるが、余はこの考えが甘い考えだという人あるかもしれないけれども、固く信じて疑うことない』ってなことを言ってる」

佐藤達夫のこの口述の中に、第九条発案説の幣原の本音が隠されている。残念なことに、というべきであろうが、「二十年、三十年の将来」に世界は軍備撤廃まではゆきわたらなかった。しかしなにも歴史は二十年、三十年の単位で動くわけではない。この部分を百年、二百年としてもいいではないかというのが私の考えでもある。

現在の憲法制定時にはこのような先達たちの思いがあった。こうした先達たちにまずは畏敬の念をもつのが憲法改正論議の前提ではないだろうか。それなのに「押しつけ憲法」とか「占領憲法」、果ては安倍晋三首相のように「みっともない憲法」などと平然と侮辱している。こういう論者たちに、憲法改正を口にする資格はあるだろうか。私はそのことに強い不信感をもっている。

「先達に畏敬の念を持て」のほかに、「江戸時代の智恵に学べ」「天皇のお気持を考えよ」という教訓も憲法改正論議に必要なことをつけ加えておきたい。江戸時代二百七十年間、日本はただの一日も対外戦争を行っていない。そのために庶民には、「戦争」の意味が正確にはわかっていない。いやわかる必要もない。なにしろ戦争に伴う「軍事」の影はなかったからだ。本来なら戦うべき武士階級（三十万人ほど。国民の一％余）は、戦闘につぎこむエネルギーを武芸や人倫の道を説く学問につぎこんだ。江戸時代の社会空間は現代日本の国家モデルになりうるわけではないが、戦争がなかった時代の智恵はおおいに吸収すべきではないだろうか。

そして天皇である。近代の歴代天皇のその在位の「目的」はたったひとつである。「皇統を守ること」であり、そのために「手段」がある。手段として挙げられるのは、たとえば宮中での祈りであったり、五穀豊穣を願っての田植えなどのほか、平和外交をサポートするための各種の国事行為もまた「手段」である。ところが昭和前期にあっては、この「手段」のひとつとして戦争を選ぶよう軍事指導者たちは天皇につめよったのである。

それが日中戦争であり、太平洋戦争であった。昭和天皇の心中に、手段としての戦争を選んだことへの悔恨があったことは容易にわかる。今上天皇は、即位時からの「おことば」を読んでいる限り、手段としての戦争は決して選択しないと誓っていることが窺える。これは天皇個人の決意であると考えていいのではないだろうか。

こういう立場の天皇に、軍事上の大権としての大元帥などを想定していいのだろうかとの疑問がわく。憲法に天皇条項を盛りこむにしても軍事の大権などには違和感がわくだけではないだろうか。「人間」として、あるいは「個人」として、戦争を忌避する感情を示している天皇に、かつての憲法のような軍事大権を与えることは非礼になることを私たちは強く認識しておく必要があるように思う。

このような課題を放置しつつ進められている憲法改正論議に私は大いなる疑問を感じている。本書において、私はその危惧を説いた。理解をいただければ幸いである。

この「あとがき」は、半藤一利氏が書かれる予定であった。私は「まえがき」をと思っていたが、私が代表する形で書くことになった。もとよりこの「あとがき」の内容は私自身の考えであることをお断りしておきたい。

本書が刊行されるまでに石田陽子氏、筑摩書房の青木真次氏ほか多くの人びとに御尽力をいただいた。感謝したい。できうるならあと三十年後に、彼らにこの憲法を万感の思いをもって見つめてほしいと祈っている。

二〇一七年（平成二十九）十一月

保阪正康

構成・石田陽子

半藤一利　はんどう・かずとし

一九三〇年、東京・向島生まれ。作家。東京大学文学部卒業後、文藝春秋入社。「文藝春秋」「週刊文春」の編集長を経て専務取締役。同社を退社後、昭和史を中心とした歴史関係、夏目漱石関連の著書を多数出版。主な著書に『昭和史』（平凡社　毎日出版文化賞特別賞受賞）、『漱石先生ぞな、もし』（文春文庫　新田次郎文学賞受賞）、『聖断』（ＰＨＰ文庫）、『決定版　日本のいちばん長い日』（文春文庫）、『日本国憲法の二〇〇日』（文春文庫）等がある。

保阪正康　ほさか・まさやす

一九三九年、北海道生まれ。同志社大学文学部卒業。日本近代史、とくに昭和史の実証的研究を志し、歴史の中に埋もれた事件・人物のルポルタージュを心がける。著書に『戦場体験者　沈黙の記録』（筑摩書房）、『東條英機と天皇の時代』（ちくま文庫）、『昭和陸軍の研究』（朝日文庫）、『安倍首相の「歴史観」を問う』（講談社）、『ナショナリズムの昭和』（幻戯書房）等がある。

憲法《けんぽう》を百年《ひゃくねん》いかす

二〇一七年十二月二十五日　初版第一刷発行

著者　半藤一利
　　　保阪正康
発行者　山野浩一
発行所　株式会社筑摩書房
東京都台東区蔵前二-五-三　郵便番号　一一一-八七五五
振替　〇〇一六〇-八-四一二三
装幀者　井上則人
印刷　製本　中央精版印刷株式会社

乱丁・落丁本の場合は左記宛にご送付ください。送料小社負担でお取り替えいたします。
ご注文、お問い合わせも左記へお願いいたします。
筑摩書房サービスセンター
さいたま市北区櫛引町二-六〇四　〒三三一-八五〇七　電話　〇四八-六五一-〇〇五三

 ISBN978-4-480-84315-9 C0032